Andalusien

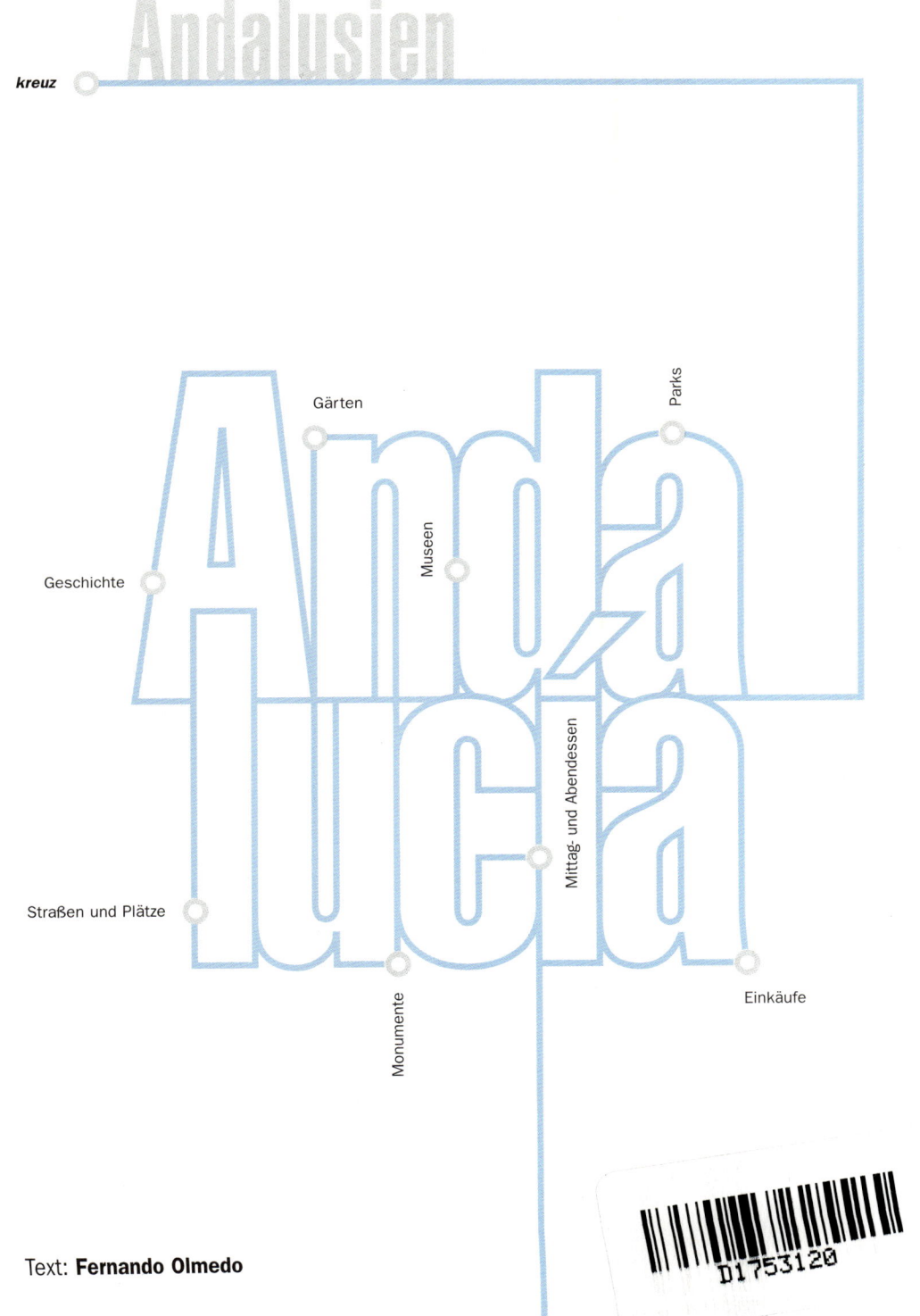

kreuz

Andalucía

- Gärten
- Parks
- Geschichte
- Museen
- Straßen und Plätze
- Mittag- und Abendessen
- Monumente
- Einkäufe

und qu...

Text: **Fernando Olmedo**

EDICIONES
Aldeasa

0
25
50
75
100 km
EXTREMADURA
PORTUGAL
PROVINCIA DE CÓRDOBA
N 502
Peñarroya-Pueblonuevo
Alcaracejos
Pozoblanco
Villanueva de Córdoba
Jerez de los Caballeros
N 432
Río
Parque natural Sierra de los Santos de la Sierra de Hornachelos
Río Guadiato
Chimorra 960
SIERRA MO
Bembézar
Parque natural de la Sierra de Aracena
N 435
N 433
Rosal de la Frontera
Jabugo
Aracena
Parque natural de la Sierra Norte de Sevilla
Cazalla de la Sierra
Constantina
Almadén de la Plata
Río Viar
Rivera de Huelva
Sierra de Aracena
Chanza
PROVINCIA DE HUELVA
Minas de Riotinto
Nerva
N 433
El Ronquillo
GUADALQUIVIR
Almodóvar del Río
CÓRDOBA
N 432
Lora del Río
Palma del Río
N 331
Río Odiel
Valverde del Camino
Villanueva de los Castillejos
RÍO GUADIANA
N 630
Montilla
Écija
Carmona
N IV
Aguilar de la Frontera
Río GENIL
N 435
Río Tinto
Niebla
La Palma del Condado
SEVILLA
PROVINCIA DE SEVILLA
Puente-Genil
A 49
Lepe
HUELVA
Río Guadiamar
Alcalá de Guadaira
Marchena
Ayamonte
Isla Cristina
Moguer
Bollullos del Condado
Palos de la Frontera
Almonte
Dos Hermanas
El Arahal
Estepa
A 92
Osuna
La Puebla del Río
Punta Umbría
Mazagón
El Rocío
Utrera
RÍO GUADAIRA
Costa de la Luz
Morón de la Frontera
Golfo de Cádiz
PARQUE NACIONAL DE DOÑANA
A 4
El Coronil
Montellano
A 382
Antequera
El Torcal
Matalascañas
Lebrija
RÍO GUADALQUIVIR
Espera
Villamartín
Algodonales
Olvera
Setenil
PROVINCIA DE MÁLAGA
Bornos
PN de la Sierra de Grazalema
Zahara
A 376
Sanlúcar de Barrameda
N IV
Chipiona
Jerez de la Frontera
A 382
Arcos de la Frontera
El Bosque
Grazalema
Ronda
1 654
Ubrique
Serranía de Ronda
Sierra de las Nieves
Coín
Rota
El Puerto de Santa María
PROVINCIA DE CÁDIZ
Mijas
Puerto Real
Paterna
Gaucín
Sierra Bermeja
Marbella
A 7
CÁDIZ
A 381
San Pedro de Alcántara
Fuengirola
San Fernando
Puerto Banús
Chiclana de la Frontera
Medina Sidonia
Alcalá de los Gazules
Casares
Jimena de la Frontera
Estepona
N 340
A 7
Costa
OCÉANO ATLÁNTICO
Parque Natural de los Alcornocales
Conil de la Frontera
Vejer de la Frontera
Barbate
San Roque
La Línea de la Concepción
N 340
Zahara de los Atunes
Algeciras
GIBRALTAR
Tarifa
Estrecho de Gibraltar
Ceuta
TÁNGER
MARRUECOS

Andalusien

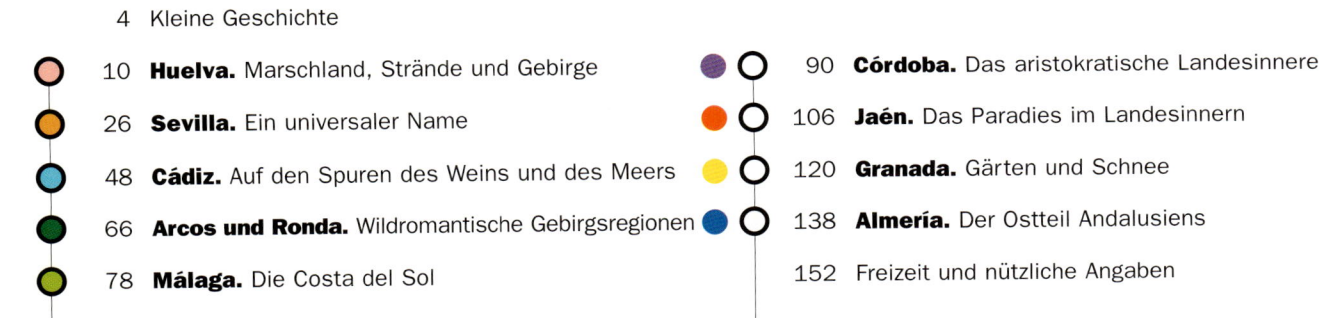

kreuz und quer

- 4 Kleine Geschichte
- 10 **Huelva.** Marschland, Strände und Gebirge
- 26 **Sevilla.** Ein universaler Name
- 48 **Cádiz.** Auf den Spuren des Weins und des Meers
- 66 **Arcos und Ronda.** Wildromantische Gebirgsregionen
- 78 **Málaga.** Die Costa del Sol
- 90 **Córdoba.** Das aristokratische Landesinnere
- 106 **Jaén.** Das Paradies im Landesinnern
- 120 **Granada.** Gärten und Schnee
- 138 **Almería.** Der Ostteil Andalusiens
- 152 Freizeit und nützliche Angaben

Kleine Geschichte

Im äußersten Süden Europas

Andalusien ist die südlichste Region des europäischen Kontinents und erstreckt sich im Süden der Iberischen Halbinsel zwischen dem Mittelmeer und dem Atlantik. An der Meerenge von Gibraltar beträgt die Entfernung zu Afrika nur 14 km. Mit einer Fläche von 87.595 km² hat Andalusien etwa die gleiche Größe wie Österreich oder Portugal. Seine Einwohnerzahl liegt bei ca. 7,5 Mio. Andalusien ist eine der siebzehn autonomen Regionen Spaniens und besteht aus den acht Provinzen Cádiz, Córdoba, Granada, Huelva, Jaén, Málaga und Sevilla, die auch Sitz des Regionalparlaments und der Regionalregierung ist.

Die andalusische Landschaft ist kontrastreich und vielseitig, mit langen Sandstränden und felsigen Buchten, lieblichen Hügeln, Wüsten, Wäldern und alpinem Gebirge. Ein breites Band fruchtbarer Felder teilt zu beiden Seiten des Guadalquivir die Region zwischen den sanft abfallenden Hängen der Sierra Morena im Norden und den steilen Felsen der Sierras Béticas im Süden in zwei Hälften. Mit 3.482 m ist der Mulhacén nicht nur der höchste Berg der Sierra Nevada, sondern ganz Spaniens. Das Klima ist im wesentlichen mediterran geprägt, mit milden Wintern, heißen Sommern, geringen Niederschlägen und fast 3000 Sonnenstunden im Jahr.

Ur- und Frühgeschichte

Die Archäologie hat menschliche Besiedlung in Andalusien schon vor mehr als 1 Mio. Jahren nachgewiesen, als der Landstrich möglicherweise nur als Brücke für die Wanderungen erster Hominiden von Afrika nach Europa diente. Dieser Status als Sammelpunkt und Durchgangsstation führte im Laufe der Zeit zu einer bewegten Geschichte. Schon in der Jungsteinzeit war Andalusien führend auf den Gebieten des Ackerbaus, der Viehzucht

Ruinen von Baelo Claudia, Tarifa (Cádiz) ▶

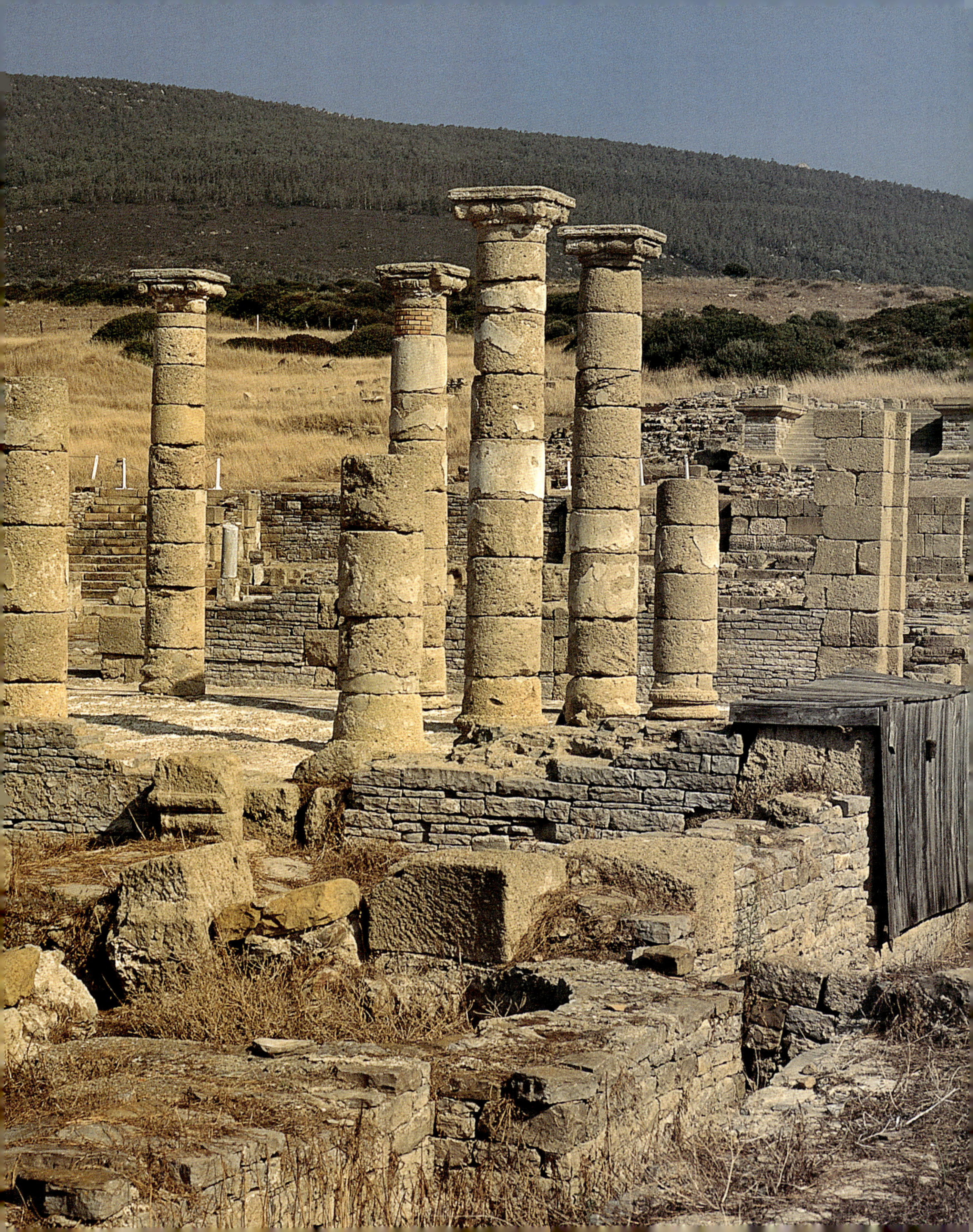

Andalusien kreuz und quer

und des Bergbaus. Der so hervorgebrachte Wohlstand zog phönizische und griechische Siedler an. Dank ihres zivilisatorischen Einflusses entstand auch das für seine Metalle berühmte Königreich Tartessos im fernen Gebiet, wo die Säulen des Herkules das Ende der bekannten Welt anzeigten. Darauf folgten weiter im Landesinneren die iberische Kultur, die Präsenz Karthagos und die römische Herrschaft, die unauslöschliche Spuren hinterlassen hat. Die Region wurde zur Provinz Baetica, Kornkammer des römischen Reiches und Standort so blühender Städte wie der edlen Provinzhauptstadt Corduba oder des aristokratischen Italica, Geburtsort der Kaiser Trajan und Hadrian.

Zwischen Orient und Abendland

Nach der kurzen Regierung der Westgoten lenkte die maurische Präsenz das Schicksal Andalusiens während nahezu achthundert Jahren. Bis zum 10. Jh. tat sich Córdoba, die Hauptstadt von Al-Andalus, dem maurischen Staat der iberischen Halbinsel, als Hof der Kalifendynastie der Omajjaden und abendländische Metropole hervor. Sevilla, Almería, Málaga, Jaén und andere Städte wurden mit Stadtmauern, Festungen, Moscheen, Schulen, Bädern, Palästen und Wohnbezirken ausgestattet, in denen Menschen verschiedener Rassen und Religionen friedlich zusammen lebten. Andalusien erlebte in dieser Zeit eine Phase großen Glanzes und profilierte sich als kultureller Botschafter und Vermittler zwischen Morgen- und Abendland. Der Vorstoß der christlichen Königreiche drängte die Mauren in die Grenzen der heutigen Region Andalusien zurück und die schnelle Eroberung von Córdoba, Sevilla und dem Guadalquivirtal durch Fernando III. Mitte des 13. Jh. verbannte sie in die östlichen Gebiete des Königreichs Granada, der letzten Bastion des Islam auf der Iberischen Halbinsel, die weitere 250 Jahre standhielt. In dieser Zeit führten die ständigen Grenzscharmützel zum Bau Dutzender Burgen und befestigter Dörfer, während die spanisch-arabische Kultur ihre letzten Strahlen vom Alhambra-Palast in Granada aussandte.

Aristokraten und Händler

1492 ist ein wichtiges Jahr in der Geschichte Andalusiens. Das Jahr begann mit der Rückeroberung Granadas durch die Katholischen Könige. Im Sommer stach Christoph Kolumbus von dem andalusischen Hafen Palos de la Frontera in der Provinz Huelva in See und entdeckte Amerika. Ein weiteres einschneidendes Ereignis war die Ausweisung der Juden, denen im 17. Jh. die Mauren folgten.

Villalar-Bogen und Jaén-Tor, Baeza (Jaén) ▶

Kleine Geschichte

Die Region wurde auf diese Weise zweier ihrer aktivsten Bevölkerungsgruppen beraubt.

Im neuen christlichen Staat nahm Andalusien eine wichtige Rolle ein. Das Monopol des Handels mit Spanisch-Amerika, der unermessliche Mengen Gold, Silber und Gewürze ins Land brachte, wurde 1503 in Sevilla unterzeichnet und machte die Stadt zu einem der wichtigsten Umschlagplätze der Welt. Als Folge dieses Umstands breitete sich der Wohlstand auch an den Küsten und im Landesinneren aus, wo der Adel über riesige Besitzungen verfügte. Die Städte erneuerten ihre mittelalterliche Bausubstanz durch die Einführung von Bauten im Renaissance- und Barockstil. Es wurden solide städtebauliche Einheiten wie Úbeda oder Baeza errichtet sowie Kathedralen, religiöse Bauwerke, Zivilbauten und Paläste gebaut. Zudem machten Kunstgenies wie Góngora, Velázquez oder Murillo von sich reden.

Von den Romantikern bis ins 20. Jh.

Im 18. Jh. trat Sevilla das Privileg des Kolonialhandels an Cádiz ab, das ab dann eine Blütezeit erlebte. Das 19. Jh. begann mit einer Flut von Ereignissen wie der Schlacht von Trafalgar (Cádiz) im Jahr 1805, dem Sieg über das Heer Napoleons in Bailén (Jaén) 1808, der Proklamation der ersten spanischen Verfassung in Cádiz 1812 und dem liberale Putsch von General Riego en Las Cabezas (Cádiz) 1820. In Andalusien spielte jedoch fern der imperialistischen Triumphe die Landwirtschaft weiterhin die wichtigste Rolle. Die Schönheiten des Landlebens zogen schon bald die reisenden Romantiker an, die wichtige Wegbereiter des heutigen Tourismus waren. Als heißblütiges und leidenschaftliches, exotisches und doch nahes Land der Toreros und Bandoleros verkörperte Andalusien den Prototyp des romantischen Spaniens, unterstützt durch universale Mythen wie Carmen, Don Juan oder Figaro.

Trotz vieler Schwierigkeiten waren die ersten Jahrzehnte des 20. Jh. vor allem in der Kunst sehr produktiv. Die wichtigsten andalusischen Künstler des Augenblicks waren u.a. Picasso, Juan Ramón Jiménez, Falla, Lorca, Alberti, Cernuda und Aleixandre, deren Schaffen jedoch durch den Ausbruch des Bürgerkriegs beeinträchtigt wurde. In den sechziger Jahren erhielt Andalusien durch die Vergrößerung der Städte, die Ansiedlung von Industrie, die Modernisierung der Landwirtschaft und die starke Entwicklung des Tourismus sein heutiges Gesicht. Die Einführung der Demokratie 1982 machte Andalusien zu einer autonomen Region mit eigenem Parlament. Die Weltausstellung von 1992 erlebte Andalusien bereits vollkommen auf der Höhe der Moderne.

Meerenge von Gibraltar, im Hintergrund Afrika ▶

Kleine Geschichte

Andalusien kreuz und quer

Huelva
Marschland, Strände und Gebirge

Die zwischen Sevilla und der portugiesischen Grenze, dem Atlantik und Sierra Morena gelegene westlichste Provinz Andalusiens ist ein Wunder an Vielfalt, was ihre Geschichte und ihre Landschaften angeht. Trotzdem ist sie vielen kaum bekannt.

Abendstimmung in Doñana ▶

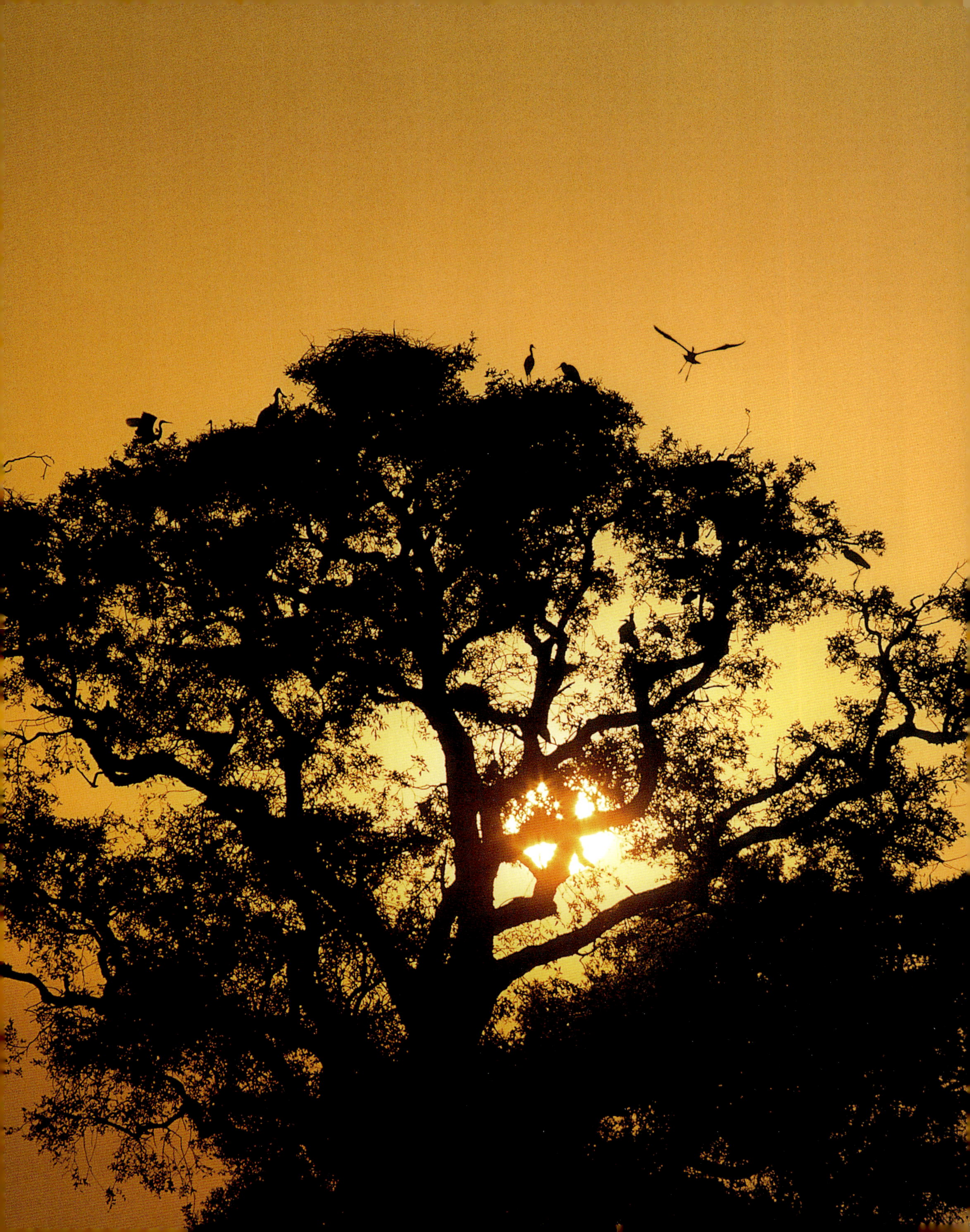

Nationalpark Doñana

Das 1969 eingerichtete und 1984 zum Weltkulturerbe erklärte, in Europa einzigartige Naturschutzgebiet hat einen legendären Ruf. Es erstreckt sich am rechten Ufer des Guadalquivir bis zu seiner Mündung in den Atlantik zwischen den Orten Almonte und Sanlúcar de Barrameda. **Doñana** war Jagdgebiet der Herzöge von Medina Sidonia. Sein Name leitet sich von der Herzogin Doña Ana de Mendoza ab, die sich in den bescheidenen Palast des Jagdgebiets zurückzog, der häufig von Königen und illustren Persönlichkeiten besucht wurde.

Der **Nationalpark** umfasst 50.720 ha und verfügt über einen neutralen Gürtel von weiteren 57.000 ha, der als zusätzlicher Schutz fungiert. Die außerordentliche Vielgestaltigkeit seiner Ökosysteme und der große Artenreichtum vor allem bei den Zugvögeln macht ihn zu einer in Europa ihresgleichen suchenden Naturenklave. Der Park umfasst ständige Dünen und Wanderdünen in den Küstengebieten, Pinienwälder, Korkeichen, niedriges Buschwerk und ein weitläufiges Netz von Marschen und Lagunen, auf denen sich im Winter hunderttausende Wasservögel wie Enten und Kraniche, Löffler oder Flamingos versammeln. Darüber hinaus ist Doñana die letzte Zuflucht zweier besonders bedrohter einheimischer Tierarten, des ibe-

Doñana ▲
Weg durch Dünen (oben) ▶
Unterstand zur Vogelbeobachtung (unten)

Huelva. Marschland, Strände und Gebirge

rischen Luchses und des Kaiseradlers, der das Wahrzeichen des Parks ist.

Um den Nationalpark herum stehen dem Besucher mehrere Besucherzentren mit Informationsmaterial, ausgeschilderten Rundwegen und Observatorien zur Verfügung. Aus Richtung Almonte kommend sind dies El Acebuche, La Rocina und El Acebrón, aus Richtung Sevilla ist es Cerrado Garrido und in Sanlúcar de Barrameda befindet sich Bajo de Guía.

El Rocío, Almonte und El Condado

Direkt gegenüber von Doñana befindet sich die **Aldea del Rocío**, ein Dorf mit ungepflasterten Straßen um die Wallfahrtskirche der Jungfrau von El Rocío herum. Ende Mai oder Anfang Juni, wenn sich der Frühling auf seinem Höhepunkt befindet, wird hier die beliebteste und meist besuchte volkstümliche Wallfahrt Andalusiens abgehalten. Bis zu einer Million in Bruderschaften organisierte Wallfahrer kommen hier zu Pferd, in Pferdewagen, zu Fuß und in allen möglichen Fahrzeugen zusammen, um in festlicher Atmosphäre mit Gesang und Tanz zu feiern. Der Höhepunkt des Geschehens ist das Morgengrauen des Pfingstmontags, wenn die „Königin der Marschen" von den Volksmassen aus der Kapelle gebracht und in einer Prozession getragen wird.

Die weiße Taube

Die ländlichen Wurzeln der andalusischen Gesellschaft kommen bei dem Volksfest *Romería del Rocío* zum Ausdruck, wo Tausende Menschen einige Tage lang in engem Kontakt zur Natur leben. Der Ursprung des Festes geht auf das Ende des 13. Jh. zurück, als ein Schäfer ein Bildnis der Jungfrau Maria an der Stelle der heutigen Wallfahrtskapelle fand. Viele Forscher haben die Verehrung der Jungfrau von El Rocío, die im Volksmund auch die Weiße Taube, *la Blanca Paloma* genannt wird, mit der uralten Anbetung der Fruchtbarkeitsgöttin in Zusammenhang gebracht.

Volksfest El Rocío ▲
Prozession von El Rocío ▶

Huelva. Marschland, Strände und Gebirge

Andalusien kreuz und quer

Einige Kilometer weiter liegt **Almonte** umgeben von den Weinbergen, die den gesamten Bezirk von Condado bedecken. Aus ihren Trauben wird in den Bodegas des Dorfs und der benachbarten Orte Bollullos und La Palma ein gehaltvoller Vino generoso im andalusischen Stil gekeltert. Die ehemalige Kreisstadt **Niebla** besitzt schöne alte Gassen und eine intakte arabische Befestigungsmauer (12. Jh.). Sehenswert ist das Alkazar de los Guzmanes (15. Jh.), eine Kirche, die früher Moschee war sowie die römische Brücke über die rötlichen Wasser des Río Tinto.

Die Schauplätze des Kolumbus

Das Kloster La Rábida, Palos de la Frontera und Moguer sind neben den Gestaden des Tinto die historischen Schauplätze, die 1492 im Vorfeld von Christoph Kolumbus Seereise, die schließlich zur Entdeckung Amerikas führte, eine wichtige Rolle spielten. Das im gotischen Mudejar-Stil (15. Jh.) erbaute Franziskanerkloster **La Rábida** nahm den Admiral in seinen Mauern auf und die Ordensbrüder unterstützten ihn bei dem Unterfangen, die Katholischen Könige von seinen Plänen zu überzeugen. Direkt unterhalb des Kloster befindet sich die Anlegestelle „Muelle de las Carabelas", wo die Repliken der drei Karavellen des Kolumbus zu besichtigen sind.

Kirche San Jorge, Palos de la Frontera (oben) ▶
Kloster La Rábida (unten)
La Fontanilla in Palos de la Frontera (oben) ▼
Mudejar-Kreuzgang, Kloster La Rábida (unten)

Huelva. Marschland, Strände und Gebirge

Andalusien kreuz und quer

Kloster Santa Clara, Moguer (oben)
Santa María de la Granada, Moguer (links)
Juan Ramón Jiménez Denkmal, Moguer (rechts)
Santa Clara de Moguer

Huelva. Marschland, Strände und Gebirge

Die Kirche San Jorge und andere Ecken des Orts **Palos de la Frontera**, der früher ein geschäftiger Seehafen war, beschwören die Atmosphäre herauf, in der der Genuese Kolumbus mit seiner kleinen Flotte auslief, nachdem er dort auch seine Besatzung angeheuert hatte. Eine ähnliche Rolle spielte das benachbarte **Moguer**, die Wahlheimat des Dichters Juan Ramón Jiménez, der 1956 den Nobelpreis für Literatur erhielt. Hier sind vor allem die Casa Museo zu seinem Gedenken und das Kloster Santa Clara sehenswert.

Huelva

Die Hauptstadt der gleichnamigen Provinz erstreckt sich auf einer Landzunge zwischen der tief eingeschnittenen Mündung des Tinto und dem Odiel. Das Gesicht der dem Meer zugewandten Stadt, in der Handel, Fischfang und Industrie eine wichtige Rolle spielen, ist vor allem modern. Ihr Zentrum ist die Umgebung der **Plaza de las Monjas** und der Einkaufsstraße **Calle Concepción**. In direkter Nachbarschaft befinden sich zahlreiche bemerkenswerte Gebäude der Altstadt, wie die älteste Kirche der Stadt, San Pedro (14. – 18. Jh.) und die **Kathedrale de la Merced** (18. Jh.). Ebenfalls sehenswert ist das Heiligtum der Stadtpatronin Virgen de la Cinta, das sich auf einer Anhöhe befindet.

> **Rätsel um Tartessos**
> Biblische und klassische Texte enthalten zahlreiche Bezüge auf das mythische Königreich Tartessos und seinen großen Reichtum an Vieh und Metallen. Von dort bezog König Salomon das Silber zur Verschönerung seines Tempels in Jerusalem. Trotz der Bemühungen der Archäologie ist der genaue Standort weiterhin unbekannt und es ist nicht klar, ob es sich um eine große Stadt oder vielmehr um vereinzelte Ansiedlungen handelte. Klar ist nur, dass die Region Huelva mit ihren vielen tartessischen, phönizischen und griechischen Resten ein wichtiges Einzugsgebiet dieser Kultur war.

Huelva ▲
Kathedrale von Huelva ▶

Huelva. Marschland, Strände und Gebirge

Ayamonte ▲
Isla Cristina ▶

Die wichtigen Verkehrsachsen Gran Vía und Avenida Sundheim führen zum Stadtmuseum **Museo de Huelva**. Seine Säle lassen die Entwicklung der Stadt Revue passieren. Von der ursprünglichen Gründung Onuba im 1. Jahrtausend v. Chr. bis in die Gegenwart des 20. Jh. umfasst die Sammlung so faszinierende Stücke wie die zahlreichen Bronzeobjekte aus der Tartessos-Zeit, griechische Keramik, ein römisches Wasserrad aus Riotinto oder Werke des Malers Daniel Vázquez Díaz. Die Spuren der Briten, die das Erz von Riotinto schürften und über den Hafen von Huelva verschifften, sind im Stadtviertel **Barrio Reina Victoria** zu finden. Auch die 1876 fertiggestellte auffällige Eisenstruktur am Kai der Riotinto Company geht auf die englische Präsenz zurück. Weiter flussabwärts steht das riesige, 37 m hohe **Kolumbusdenkmal**, das 1929 an der Punta del Sebo errichtet wurde.

Die Costa de la Luz

An der lichtdurchfluteten Atlantikküste Huelvas reiht sich ein Strand mit feinem Sand, Dünen und Pinienwäldern an den anderen. Der natürliche Reiz dieser schier endlosen, ca. 50 km langen Strandlinie, die sich westlich der Stadt Huelva von Mazagón und Matalascañas bis Doñana erstreckt, ist noch weitgehend erhalten. Im Osten wechseln sich Fischer- und Urlaubsorte wie Punta Umbría, La Antilla, Isla Cristina und Isla

Huelva. Marschland, Strände und Gebirge

Canela bis zur dem Grenzstädtchen **Ayamonte** mit langen Sandstränden ab. In Ayamnote geben viele der Gassen mit kolonialem Flair den Blick frei auf Portugal, das am anderen Ufer des Guadiana liegt. Den Fluss überspannt eine riesige Brücke, die Andalusien seit 1991 mit der Algarve verbindet.

Die Bergwerke von Riotinto

Auf halbem Weg zwischen der Küste und den Bergen befindet sich das Erzvorkommen von Riotinto, Mittelpunkt des Bergbaus, der schon den legendären Ruf von Tartessos begründete. Seit 5000 Jahren wird hier Eisenerz abgebaut. Die Römer betrieben einen sehr intensiven Abbau unter Tage, während die britische Gesellschaft **Riotinto** Company, der die Schürfrechte seit 1873 gehören, auch mit dem Tagebau begann. Das Resultat ist deutlich sichtbar in gewaltigen Kluften wie der **Corta Atalaya**, einem 335 m tiefen und mehr als einen Kilometer breiten Krater. Ebenfalls auf die Engländer geht das exklusive Wohnviertel Bella Vista mit seinen viktorianischen Gebäuden sowie 1890 die Gründung der ersten spanischen Fußballklubs Riotinto und Huelva zurück. Das **Museo Minero** (Bergbaumuseum) bietet eine Retrospektive und eine Fahrt an Bord des Bergmannszugs durch eine der spektakulärsten Landschaften, die man sich vorstellen kann.

Sierra de Aracena

Das Grün der Berge, die im Norden der Provinz Huelva liegen, straft die Vorstellung Lügen, Andalusien sei eine karge trockene Region. Kristallklare Bergbäche durchziehen das mit Korkeichen, Steineichen und Kastanienbäumen übersäte **Naturschutzgebiet**. Der typische Mittelmeerwald beherbergt auch das iberische Schwein, dessen Schinken aus Eichelmast ein begehrter Leckerbissen ist. **Aracena**, die Hauptstadt der Bergkette, gruppiert seine traditionellen Architektur um eine Burg der besonderen Art. In ihrer Mitte beherbergt sie die Wundergrotte (Gruta de las Maravillas), eine zwei Kilometer lange verzweigte Tropfsteinhöhle. Die attraktiven Dörfer des Umlandes sind Alájar am Fuße eines beeindruckenden Felsens, Almonaster mit seiner Moschee aus dem 10. Jh. und Jabugo, das besonders für seine Produkte aus iberischem Schwein bekannt ist.

> **„Pata negra"**
> *Pata negra* heißt Schwarzfuß und ist im Volksmund die Bezeichnung des aus Eichelmast stammenden Ibérico-Schinkens, der beliebtesten Spezialität der Sierra de Huelva. Die 6 bis 8 kg schweren Schinken stammen von Schweinen einer einheimischen Rasse mit dunklem Fell und schwarzen Hufen. Der Schinken wird 18 bis 22 Monate in abgedunkelten Reifekammern luftgetrocknet und entwickelt so sein schmackhaftes Fleisch, das von feinen Fettadern durchzogen ist.

Valdelarco (oben) ▲
Iberisches Schwein (unten) ▶
Cortegana (oben). Riotinto (unten) ▶▶

Huelva. Marschland, Strände und Gebirge

Andalusien kreuz und quer

Sevilla
Ein universaler Name

1. Kathedrale und Giralda
2. Real Alcázar
3. Spanisch-amerikanisches Archiv
4. Hospital de los Venerables
5. Casa de Pilatos
6. Kloster San Leandro
7. Rathaus
8. Kirche El Salvador
9. Kirche San Pedro
10. Kunstmuseum
11. Kloster Santa Paula
12. Kirche San Luis
13. Kirche San Lorenzo und Basilika Gran Poder
14. Stadtmauer der Macarena
15. Basilika La Macarena
16. Andalusisches Parlament
17. Torre del Oro
18. Hospital La Caridad
19. Stierkampfarena La Maestranza
20. Universität, Tabakfabrik
21. Palast San Telmo
22. Plaza de España
23. Plaza de América, Archäologisches Museum und Volkskunst- und Brauchtumsmuseum
24. Kirche Santa Ana
25. Kloster Santa María de las Cuevas

Sevilla ist nicht nur die Hauptstadt der autonomen Region und viertgrößte Stadt der Iberischen Halbinsel, sondern auch der Name der umliegenden Provinz, die sich in der Niederung des Guadalquivir vor seiner Mündung ins Meer erstreckt. Ehrwürdig, eindrucksvoll und feurig steht Sevilla als Synonym für die Faszination Andalusiens.

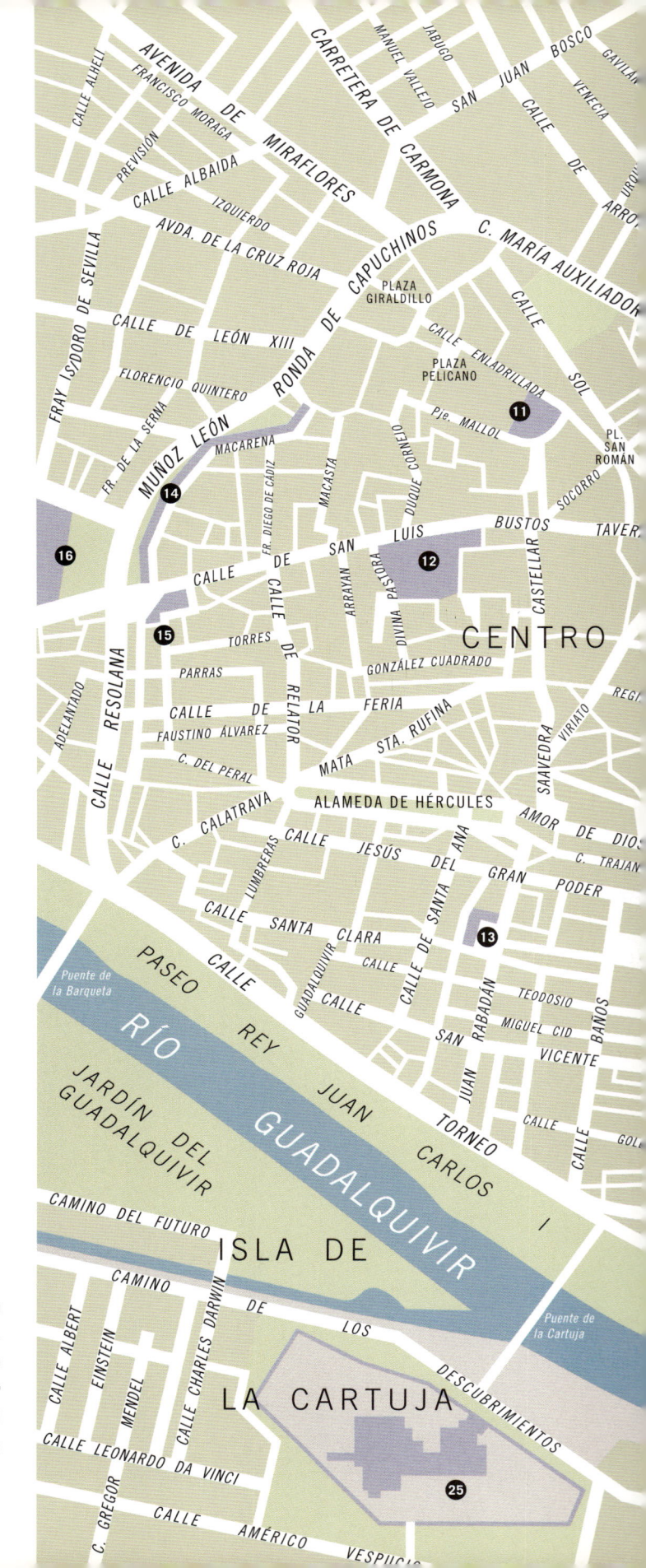

NERVIÓN
PORVENIR
SANTA CRUZ
EL ARENAL
TRIANA
0 300 600 900 m
ESTACIÓN DE SANTA JUSTA
ESTACIÓN DE AUTOBUSES
PRADO DE SAN SEBASTIÁN
PARQUE DE MARÍA LUISA
JARDINES DEL ALCÁZAR
Jardines de Chapina
PARQUE DE LOS PRÍNCIPES
CANAL DE ALFONSO XIII
PLAZA DON JUAN DE AUSTRIA
Pl. de Sta. CRUZ
Pl. del TRIUNFO
PUERTA DE JEREZ
PLAZA SAN FRANCISCO
PLAZA NUEVA
PLAZA DE LA MAGDALENA
PLAZA DEL MUSEO
PLAZA DE LA LEGIÓN
PLAZA ALTOZANO
PLAZA DE CUBA
PLAZA SAN MARTÍN DE PORRES
PLAZA DE LA ALFALFA
PL. CRISTO DE BURGOS
PL. DE LAS MERCEDARIAS
GLORIETA DE LOS MARINEROS
GLORIETA DE LAS CIGARRERAS
Puente de los Remedios
Puente de San Telmo
Puente de Isabel II
Puente de Chapina
AVENIDA DE LA BUHAIRA
C. DE MENÉNDEZ Y PELAYO
C. DE RECAREDO
AVDA. DE CARLOS V
AVDA. DE ISABEL LA CATÓLICA
AVDA. DEL CID
AVDA. DE Mª-LUISA
AVDA. DE LA CONSTITUCIÓN
AVDA. DE ROMA
PASEO DE LAS DELICIAS
PASEO DE CRISTÓBAL COLÓN
CALLE SAN FERNANDO
AVENIDA DE LA REPÚBLICA ARGENTINA
CALLE REYES CATÓLICOS
CALLE MARQUÉS DE PARADAS
C. DE ARJONA
CALLE DE SAN JACINTO
CALLE PAGÉS DEL CORRO
CALLE DE CASTILLA
CALLE DE LA ASUNCIÓN
CALLE DE BETIS
SANTA FÉ
AVENIDA DE LA BORBOLLA
1 2 3 4 5 6 7 8 9 10 17 18 19 20 21 22 23 24

Andalusien kreuz und quer

Sevilla

Die Stadt liegt an den Gestaden des „großen" andalusischen Flusses Guadalquivir. Ihre ersten Anfänge gehen auf die phönizische und tartessische Zeit zurück. Das römische Hispalis erhob sich am Kreuzungspunkt von Erde und Wasser und wurde nach und nach zu einer der bedeutendsten Städte des römischen Spaniens. Wahren Glanz erreichte diese schließlich unter den Mauren. Die 1248 von Fernando III. dem Heiligen zurückeroberte Stadt kam durch die Entdeckung der Neuen Welt zu unermesslichem Reichtum. Im 19. Jh. begann ein stetiger städtebaulicher Aufschwung, der bis heute anhält. Höhepunkte waren in diesem Zusammenhang die Weltausstellungen von 1929 und 1992. Sevilla vereint Vergangenheit und Gegenwart in Traditionen, die sich großer Beliebtheit erfreuen. Dazu zählen die weithin berühmten Osterfeierlichkeiten der *Semana Santa* und das Frühlingsfest *Feria de Abril*.

Der historische Stadtkern

Die alte Innenstadt Sevillas, die zu den weitläufigsten Europas zählt, war einstmals von der mittelalterlichen Stadtmauer umschlossen. Der südliche Teil der Altstadt am

Kathedrale ▶
Die Hl. Justa und Hl. Rufina, Murillo ▼

Sevilla. Ein universaler Name

Flussufer ist mit den 1987 zum Weltkulturerbe erklärten Gebäuden der Kathedrale, des Alkazar und des Spanisch-Amerikanischen Archivs der interessanteste. Die **Kathedrale** wurde ab 1402 an der Stelle der großen Moschee der Almohaden aus dem 12. Jh. errichtet. Die Absicht des Domkapitels, „ein Bauwerk zu errichten, bei dessen Anblick uns jedermann für verrückt erklären muss", zeigt sich im größten gotischen Gotteshaus, das es überhaupt gibt. Geweiht wurde es 1507. Im Innern ist die Pracht mit Retabeln, Grabstätten von Königen und illustren Personen wie des Hl. Ferdinand oder Christoph Kolumbus, Gemälden von Zurbarán, Murillo und Goya sowie einem phantastischen Kirchenschatz kaum zu überbieten. Von der Moschee sind noch der **Patio de los Naranjos** (Orangenhof) und der 1198 als Minarett erbaute Turm **La Giralda** übrig. Letzterer erhielt 1568 einen Glockenaufsatz im Renaissancestil, der von einer den Glauben verkörpernden Statue, dem Giraldillo bekrönt wird. Mit einer Höhe von 95 m ist der Turm nicht nur eine gelungene Fusion zweier Kulturen, sondern auch Wahrzeichen von Sevilla. Die Plaza del Triunfo liegt zwischen der Kathedrale und dem **Real Alcázar**, der Königsresidenz. Dieser Komplex setzt sich aus Mauern, Palästen und Gärten aus dem 10. bis 19. Jh. zusammen. Portale aus der Zeit der Almohaden, der gotische Palast Alfonso X. (12. Jh.) und verschiedene andere

> **Der Giraldillo**
> Der Giralda-Turm hat seinen Namen von der originellen Wetterfahne, die ihn bekrönt. Die riesenhafte Statue stellt den Sieg des Glaubens dar und wird im Volksmund Giralda oder Giraldillo genannt, was nicht anderes als eben Wetterfahne bedeutet. Früher wurde die über 3,5 m hohe und 1500 kg schwere, 1568 von Bartolomé Morel gossene Figur auch Riesin oder Heilige Johanna genannt.

Tür La Concepción (links)
Innenansicht der Kathedrale (rechts)
Capilla Real der Kathedrale ▶

Sevilla. Ein universaler Name

Andalusien kreuz und quer

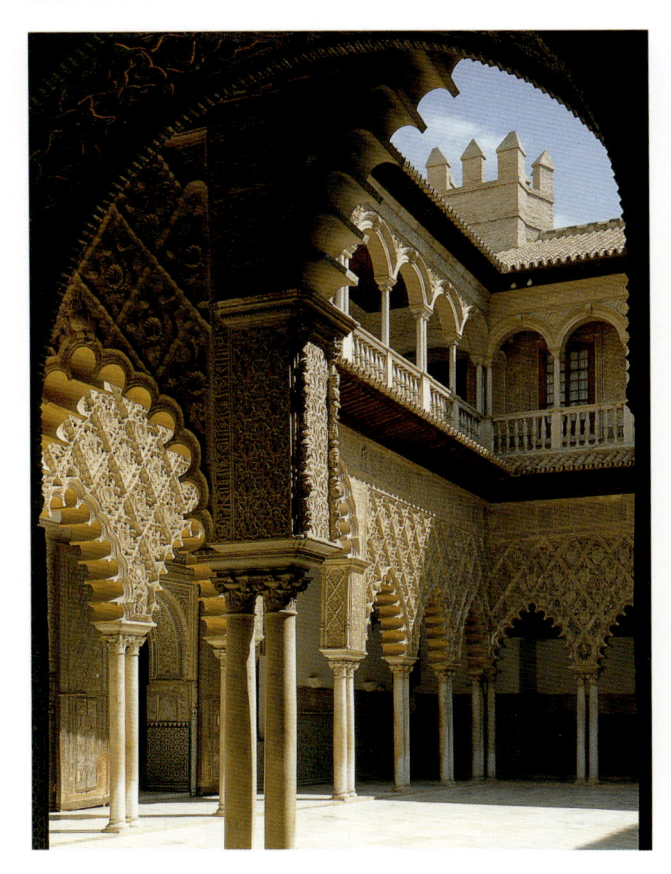

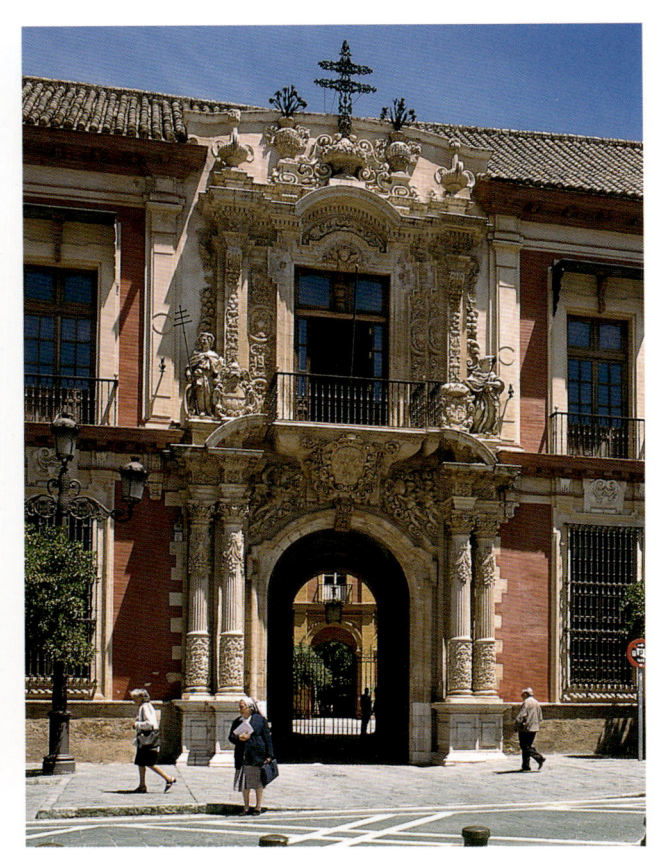

Dependancen vervollständigen den Palast von König Pedro I., ein 1366 fertig gestelltes Meisterwerk der Mudéjar-Kunst mit den Innenhöfen Montería und Las Doncellas sowie dem prachtvollen Salón de Embajadores (Botschaftersaal). Gegenüber dem Alkazar befindet sich das 1583 nach einem Projekt von Juan de Herrera begonnene **Archivo de Indias** (Spanisch-Amerikanisches Archiv), wo wichtige Dokumente zur Geschichte Amerikas aufbewahrt werden. Diese Gebäude werden umrahmt vom malerischen Straßengewirr des **Barrio de Santa Cruz**, dem alten Judenviertel und wichtigsten Anziehungspunkt der Sevilla-Touristen. Der Duft der Orangenblüten schwebt über den Plätzen und Gäßchen, die sich zwischen Höfen, Prachtgebäuden wie dem **Hospital de los Venerables** (17. Jh.) und empfehlenswerten Tabernen hindurch schlängeln. Die Straßen und Gassen reichen bis an die **Casa de Pilatos** (16. Jh.), ein Palais, das Elemente des Mudejarstils, der Gotik und der Renaissance vereint.

Das Zentrum und die *Barrios*

Die Avenida de la Constitución führt von der Kathedrale zum Rathaus, dem **Ayuntamiento** (16. und 19. Jh.) zwischen den Plätzen Plaza Nueva und San Francisco. Es ist einer der wichtigsten Bezugspunkte des **Zentrums**. Dort

Innenhof des Alkazar (links)
Erzbischöfliches Palais (rechts)
Alkazar und Stadtteil Santa Cruz (oben)
Spanisch-amerikanisches Archiv (unten)

Sevilla. Ein universaler Name

Andalusien kreuz und quer

Innenhof in Sevilla (oben) ▲
Casa de Pilatos (unten)
Stadtteil Santa Cruz ▶

Sevilla. Ein universaler Name

beginnt auch die Fußgängerzone **Calle Sierpes**, deren geschäftiges Treiben sich bis zum Einkaufszentrum La Campana fortsetzt. Die Kirche El Salvador ist aus dem 17. Jh. und besitzt den Innenhof einer ehemaligen Moschee. Sie verleiht dem ihr vorgelagerten Platz eine besondere Atmosphäre. Die im 14. bis 17. Jh. erbaute Pfarrkirche La Magdalena war 1480 der Schauplatz des ersten Inquisitionsgerichts Spaniens. Ganz in der Nähe befindet sich auch das **Museo de Bellas Artes** (Kunstmuseum), untergebracht im ehemaligen Kloster La Merced vom Anfang des 17. Jh. Den Höhepunkt seiner ständigen Sammlung, die Werke vom Mittelalter bis ins 20. Jh. umfasst, bilden die vielen Gemälde der barocken Schule von Zurbarán, Murillo, Valdés Leal und anderen Künstlern.

Von der Stadtmitte aus in nördlicher Richtung liegen die **Barrios** genannten Wohnviertel des historischen Ortskerns. Gutbürgerlich sind San Vicente und San Lorenzo mit der Basilika Jesús del Gran Poder, einem Hauptschauplatz der sevillanischen Karwoche. Die Arbeiterviertel liegen rund um die mudejaren Kirchen San Pedro, in der Velázquez getauft wurde, Santa Catalina, San Marcos und das Kloster Santa Paula, eins der wenigen Klausurklöster Sevillas, das besucht werden kann. Ebenfalls sehr volkstümlich sind die Straßen Feria, San Luis und die Alameda de Hércules. Der nördliche Teil des alten Stadtkerns wird von den Mauern der **Macarena** umschlossen, dem sichtbarsten Teil des 7 km langen Verteidigungsgürtels der Mauren aus dem 12. Jh. Vor seinen Zinnen befindet sich die Basilika der Jungfrau Macarena und die Renaissance-Fassade des ehemaligen Hospital de las Cinco Llagas (Krankenhaus der Fünf Wundmale; 16. Jh.), das heutige Regionalparlament von Andalusien.

Flussufer und Park

Die Uferpromenade Sevillas ist der Paseo de Colón. Er beginnt an der 1221 von den Almohaden zum Schutz des alten Hafens errichteten Bastion **Torre del Oro**, dem Turm des Goldes, der seinen Namen entweder den golden glänzenden Kacheln zu verdanken hat, mit denen er verkleidet war oder aber den in seinem Innern verwahrten Schätzen. Juan Sebastián Elcano begann und beendete an seinem Kai 1522 die erste Weltumsegelung. Heute beherbergt der Turm ein interessantes Seefahrtsmuseum. Ein Palmengarten liegt vor dem **Hospital de la Caridad**, dem Wohlfahrtskrankenhaus, das im Gebäude Atarazanas, dem mittelalterlichen Schiffszeughaus untergebracht ist. Ein paar Schritte weiter befinden sich das Theater (1991) und

Der Guadalquivir und die Torre del Oro ▸

Sevilla. Ein universaler Name

Andalusien kreuz und quer

die **Plaza de Toros**, die Stierkampfarena der Maestranza, die einen Hauch Landluft in die Stadt bringt. Die schöne Arena wurde 1754 erbaut und ist eine echte „Kathedrale" des Stierkampfs. Man sollte es nicht versäumen, die Ränge und das Stierkampfmuseum zu besichtigen.

Südlich der Puerta de Jerez erstreckt sich eine Grünanlage, die auch einige Gebäude umfasst. Dazu zählt die mit dem Mythos von Carmen, der Zigarrendreherin in Zusammenhang stehende ehemalige **Tabakfabrik** (18. Jh.) und der **Palacio San Telmo** (17. Jh.), in dem die Präsidentschaft der Regionalregierung ihren Sitz hat. Die ehemaligen Gärten dieses Palastes wurden zu dem heutigen Park umgestaltet, der nach seiner Stifterin **Parque de María Luisa** heißt. Einen besonderen Reiz verleihen dem Park die einzigartigen Gebäude der Iberoamerikanischen Ausstellung von 1929. Beeindruckend ist der riesige Halbkreis der von Aníbal González entworfenen **Plaza de España**. González war ein Meister des Regionalismus und erbaute auch die **Plaza de América**, die vom Pabellón Mudéjar, heute Museum für Volkskunst und Brauchtum und vom Museo Arqueológico flankiert ist. Das Archäologischen Museum zeigt u.a. den tartessischen Schatz des Carambolo und die Sammlung römischer Statuen aus Itálica.

> **Der Carmen-Mythos**
> Viele Ecken Sevillas, wie die Tabakfabrik oder die Stierkampfarena, werden mit einer Romangestalt in Verbindung gebracht, die den Status eines universalen Mythos erreicht hat. Carmen ist ein Sinnbild für die Freiheit und die Leidenschaft der Frau. Die von Prosper Mérimée in einer 1845 veröffentlichten Novelle geschaffene Figur trat ihren weltweiten Siegeszug an, als 1875 in Paris die gleichnamige Oper von Georges Bizet uraufgeführt wurde.

Stierkampfarena der Real Maestranza ▲
Tabakfabrik, heutige Universität (oben) ▶
Plaza de España (unten)

Sevilla. Ein universaler Name

Triana und La Cartuja

Am linken Ufer des Guadalquivir ist das **Barrio de Triana**, ein Viertel mit Seemanns-, Flamenco- und Stierkampftradition. Die Eisenbrücke Isabel II. (1852) war die erste fest stehende Brücke über den Fluss. Sie trifft auf den belebten **Altozano-Platz**, an dem die **Calle Betis** mit ihren farbenfrohen, sich im Fluss spiegelnden Häusern beginnt. Vom Fluss abgewandt zieht sich die verwinkelte Calle Pureza mit der 1276 erbauten gotische Kirche Santa Ana hin. Eine Legende besagt, das Grab des „Negers" in ihrem Innern helfe dabei, einen Bräutigam zu finden. In den ansteigenden Vorstadtstraßen Castilla und Alfarería wechseln sich Töpferwerkstätten mit typischer Triana-Keramik und hervorragende Tapas-Bars ab.

Die anlässlich der Weltausstellung von 1992 bebaute **Isla de la Cartuja** zwischen den Seitenarmen des Guadalquivir bildet dazu einen modernen Gegensatz. Verborgen zwischen den modernen Alleen des Gewerbe- und Freizeitparks liegt das 1400 gegründete Kloster La Cartuja, das im 19. Jh. in eine Porzellanfabrik umgewandelt wurde und heute als Kulturzentrum dient. Über den Fluss spannen sich mehrere Brücken, die Zugang zur Weltausstellung gewährten, unter anderem die 138 m hohe von Santiago Calatrava entworfene Alamillo-Brücke, die häufig als neues Wahrzeichen von Sevilla dient.

Die internationalen Ausstellungen von Sevilla

Die Entwicklung Sevillas im 20. Jh. ist geprägt von der Veranstaltung zweier großer Ausstellungen, die für das Bild und die Zukunft der Stadt von besonderer Bedeutung waren. Die Iberoamerikanische Ausstellung von 1929 gab Sevilla ein neues Gesicht und machte sie zu einem attraktiven Anziehungspunkt für Touristen. Die Weltausstellung von 1992 modernisierte das historische Stadtbild und brachte wichtige städtebauliche Veränderungen wie den Bau des Hochgeschwindigkeitszugs und mehrerer Brücken über den Guadalquivir mit sich.

Expo 92 ▲
Karwoche in Sevilla ▶

Sevilla. Ein universaler Name

Andalusien kreuz und quer

Das Umland von Sevilla

Ca. 9 km nördlich der Stadt befinden sich die Ruinen von **Itálica**. Diese römische Stadt wurde im Jahr 206 v.Chr. von Scipio gegründet und brachte die späteren Kaiser Trajan und Hadrian hervor. Die Ausgrabungen brachten luxuriöse Villen mit Innenhöfen und Mosaiken, ein Theater, Tempel, Thermen und ein riesiges Amphitheater zu Tage. Im Westen erhebt sich das Hochplateau von **Aljarafe**. Zwischen Ölbäumen, Weinbergen und Ländereien liegen viele Dörfer, die diesen Bezirk ideal für einen erholsamen Abstecher machen. Die zum Naturpark erklärte **Sierra Norte** bietet schönen Mittelmeerwald. Im Herzen der Sierra (ca. 90 km von Sevilla entfernt) befinden sich **Cazalla de la Sierra** und **Constantina** mit hübschen alten Ortskernen und köstlichen Anisettes und Wurstwaren.

Carmona

Östlich von Sevilla (35 km) liegt **Carmona** leicht erhöht. Außerhalb der Stadt stößt man auf die phantastische, vollständig ausgegrabene römische Nekropolis aus dem 1. bis 4. Jh. Die Kirche San Pedro und ihr Giraldilla genannter Glockenturm neben dem Alkazar der Puerta de Sevilla bewachen den Zugang zur von Mauern umgebenen

Casa de los Pájaros, Itálica
Mosaik des Planetariums, Itálica (unten)
Constantina (oben und unten)

Sevilla. Ein universaler Name

Innenstadt. In der Altstadt um die Plaza de San Fernando liegt die Abteikirche Santa María (15.-16. Jh.) und sowie das Stadtmuseum in der Casa de las Torres und die Wachtürme des Alcázar de Arriba.

Das Umland

Kunstgeschichtlich besonders interessant ist das ca. 100 km von Sevilla entferne Gebiet um **Écija**. Sehenswert sind die barocken Glockentürme, aber auch die zahlreichen Sakralbauten und Stadtpalais. **Marchena** besitzt eine islamische Zitadelle, die Kirche des Hl. Johannes mit mehreren Zurbaráns und ein Skulpturenmuseum. Die Herzogsstadt **Osuna** bietet zahlreiche Stadtpalais und eine Renaissance-Stiftskirche mit Werken von José de Ribera. Ebenfalls sehr sehenswert sind Estepa, Morón, Utrera, Alcalá de Guadaira.

Kirche San Pedro und Alkazar de la Puerta Sevilla, Carmona (oben) ▶▶
Stiftskirche, Osuna (unten)
Kirche Santa María, Écija (oben) ▶
Stadttor La Rosa, Marchena (unten) ▼
Carmona, Seite 46-47

Sevilla. Ein universaler Name

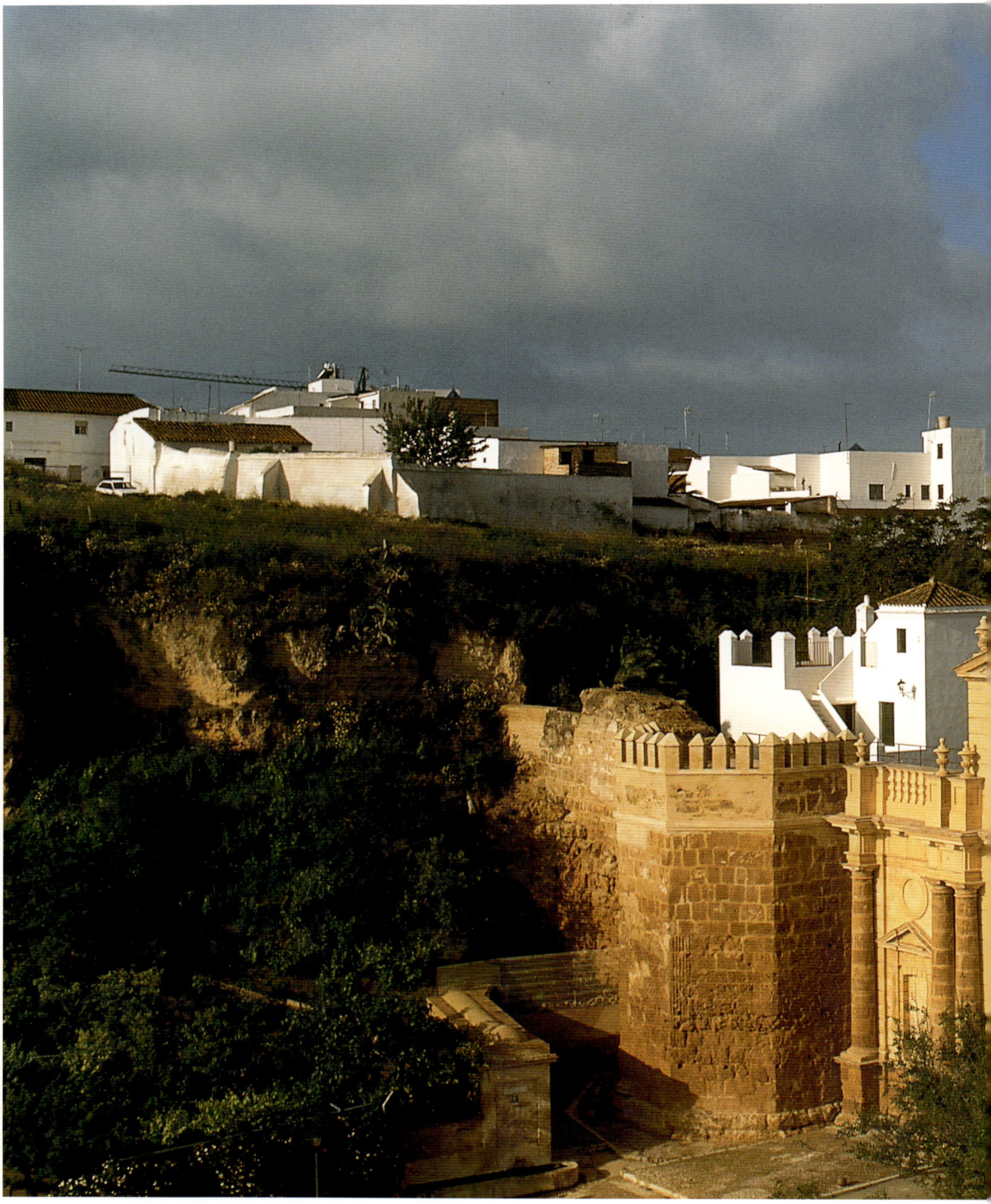

Sevilla. Ein universaler Name

Andalusien kreuz und quer

Cádiz
Auf den Spuren des Weins und des Meers

Die Provinz Cádiz liegt am Atlantik. Ihr unvergleichliches Licht, ihre Geographie, ihre Städte, ihre Einwohner und selbst ihre Weine spiegeln ihre besondere Lage im Süden Europas am westlichsten Ende des Mittelmeers und nur einen Steinwurf von Nordafrika entfernt wider.

Abendstimmung in Cádiz ▶

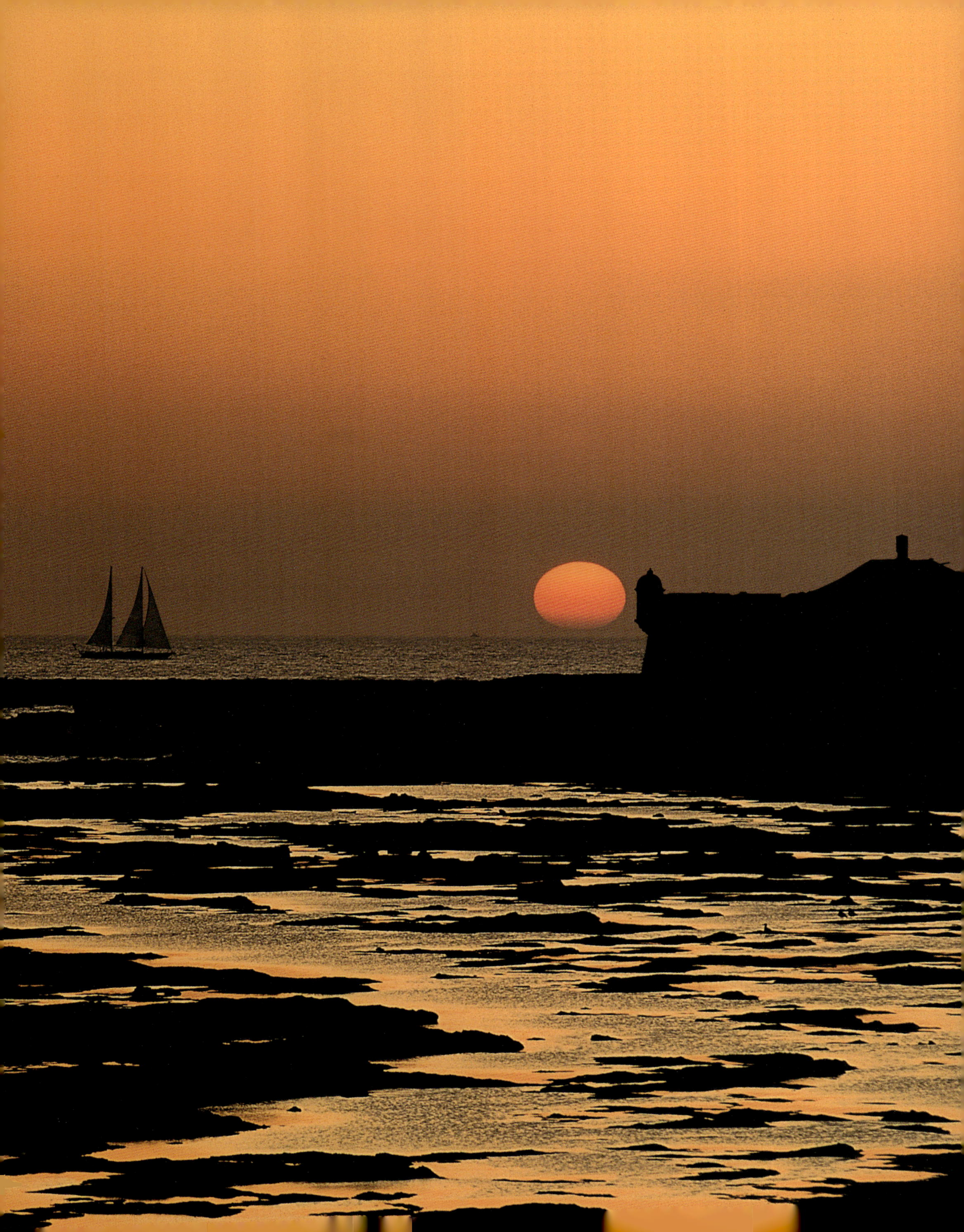

Sanlúcar de Barrameda

Das an der Mündung des Guadalquivir gegenüber von Doñana gelegene **Sanlúcar de Barrameda** ist eine glückliche Verquickung von Land und Meer. In den Bodegas der Stadt entsteht die Manzanilla, ein leichter trockener Südwein von strohgelber Farbe, der den Duft der Meerbrise in sich trägt. Durch einen Steilhang ist die Stadt in zwei Teile geteilt. Im oberen Barrio Alto befindet sich die Santiago-Burg, die Mudéjar-Kirche Nuestra Señora de la O und die Paläste der Herzöge Medina Sidonia und Orleans. Das Barrio Bajo besteht aus rechtwinklig aufeinander treffenden Straßen, die sich zwischen der Plaza del Cabildo, dem Flussufer und der Bajo de Guía hinziehen.

Jerez de la Frontera

Die große Stadt im südlichen Andalusien ist die Hauptstadt des Weins, der Pferde und des Flamenco. Eingebettet zwischen Hügeln weißlicher Erde, die mit schier endlosen Rebreihen bedeckten sind, war diese Stadt eine wichtige Bastion an der Grenze zum Königreich Granada. Der mittelalterliche Stadtkern ist von breiten Alleen, Grünanlagen und Bodegas umschlossen. Der an die ara-

Festung Santiago, Sanlúcar (oben)
Lonja (unten)
Kirche Desamparados, Sanlúcar (oben)
Bodegas Barbadillo, Sanlúcar (unten)

Cádiz. Auf den Spuren des Weins und des Meers

Andalusien kreuz und quer

bische Besetzung erinnernde **Alkazar** (12.-13. Jh.) verfügt über eine zur christlichen Kapelle geweihte Moschee, Bäder, Paläste und Gärten. Daneben befindet sich die **Kathedrale** (17.-18. Jh.) mit ihrer 40 m hohen Kuppel. Das Gotteshaus beherbergt wertvolle Kunstschätze, wie zum Beispiel ein Gemälde von Zurbarán. Auf dem Vorplatz wird alljährlich nach der Weinlese im September das traditionelle Ritual des Traubenstampfens mit den Füßen durchgeführt. Einen guten Eindruck vom Flair der geschichtsträchtigen Altstadt bekommt man auf den Plätzen Asunción und Plateros, in der Kirche San Dionisio (12.-15. Jh.), im Cabildo Viejo (16. Jh.) und vielen anderen Gemeinden wie San Miguel, San Mateo oder San Lucas und bei der Betrachtung der vielen Stadtpalais.

Die moderne Innenstadt umfasst die Straßen Arenal, Calle Larga und ihre Umgebung. Die Flamencotradition ist im Zigeunerviertel Santiago zuhause, das schon viele große Persönlichkeiten des Cante Jondo hervorgebracht hat. Die berühmten Weine aus Jerez reifen in den so genannten „Kathedralen des Weins" heran. Im Halbdunkel der riesigen Sherrybodegas, von denen viele auch besichtigt werden können, entwickeln sich die weltbekannten Finos, Amontillados, Olorosos und Pedro Ximénez zu ihrer vollen Größe. Ebenfalls sehenswert sind das

La Cartuja in Jerez (oben)
Königlich Andalusische Reitschule (unten)
Kathedrale in Jerez

Cádiz. Auf den Spuren des Weins und des Meers

Archäologische Museum und das Uhrenmuseum sowie das Anwesen Recreo de las Cadenas, Sitz der **Real Escuela Andaluza de Arte Ecuestre**, der Königlich Andalusischen Reitschule, in der die Dressur der reinrassigen spanischen Pferde vorgeführt wird. Am Stadtrand noch die **Cartuja**, ein harmonischer Klosterkomplex mit Stilelementen der Gotik, der Renaissance und des Barocks sowie die Rennbahn.

El Puerto de Santa María

Ein weiterer Eckpunkt des berühmten „Weindreiecks" ist **El Puerto de Santa María** an der Mündung des Guadalete in die Bucht von Cádiz. An einer der Achsen seines symmetrischen Grundrisses liegt die Burg San Marcos, die nach der Reconquista an der Stelle eines islamischen Gebetshauses aus dem 10. Jh. errichtet wurde, an einer anderen die Kirche Mayor Prioral mit gotischen Filigranen. In den Straßen, in denen der Dichter Rafael Alberti seine Kindheit verbrachte, versteht man sich auf die Kunst zu leben. Zum Ausdruck kommt sie auch in der Stierkampfarena, ohne die der spanische Stierkampf seines Sinns beraubt wäre, zum anderen in den zahlreichen Bars der Uferpromenade des Guadalete, in denen man schmackhafte Meeresfrüchte kosten kann.

Bodega La Mezquita, Jerez (oben)
El Puerto de Santa María (unten)
Kirche Mayor Prioral, El Puerto de Santa María

Cádiz. Auf den Spuren des Weins und des Meers

Stadttor Puerta de Tierra ▲
Campo del Sur. Kathedrale ▶
Türme und Dächer von Cádiz, Seite 58-59

Cádiz

Cádiz, die älteste Stadt des Westens, wiegt sich am Atlantik und ist mit dem Festland nur durch eine schmale sandige Landzunge und die Brücke der Bahía verbunden. Gades wurde der Sage nach von Herkules gegründet, nachweislich jedoch von den Phöniziern etwa 1100 Jahre vor Christus. Im Altertum war die Stadt ein reiches Handelszentrum, das den Endpunkt der mediterranen Zivilisation markierte. Die Entdeckung Spanisch-Amerikas änderte ihre Bedeutung mit einem Schlag. Am Scheideweg von Meeren und Kontinenten gelegen, gewann die Stadt und ihr Hafen neue Bedeutung. 1717 übernahm Cádiz das Monopol des Handels mit den Kolonien. Im 19. Jh. wurde die Stadt zum Zentrum des Liberalismus, dessen Bestrebungen 1812 zur Verabschiedung der ersten Verfassung Spaniens führte.

Die Neustadt und der Strand von La Victoria erstrecken sich bis zu den **Puertas de Tierra**, dem einzigen Landzugang zum alten Kern der Stadt. Dieses Stadttor war Teil des uneinnehmbaren Befestigungsrings, der im 17. und 18. Jh. nach der schrecklichen Plünderung der Stadt im Jahr 1596 erbaut wurde. Die Bastion gewährt Zugang zum Stadtviertel Santa María mit dem Kloster Santo Domingo (17: Jh.), zum Hafen und zur **Plaza de San Juan de Dios**, dem Mittelpunkt der Stadt

Cádiz. Auf den Spuren des Weins und des Meers

Andalusien kreuz und quer

Manuel de Falla
Der Komponist von *Amor Brujo*, *El Sombrero de Tres Picos* und anderen bekannten Musikstücken war einer der bekanntesten Bürger von Cádiz, wo er 1876 das Licht der Welt erblickte. Der in Madrid und Paris ausgebildete Musiker hatte engen Kontakt zu Debussy, Albéniz und Ravel und war mit Picasso und Lorca befreundet. Er starb 1946 im Exil in Argentinien.

Cádiz. Auf den Spuren des Weins und des Meers

Andalusien kreuz und quer

mit der klassizistischen Fassade des Rathauses. In nächster Nähe befindet sich die Plaza de España mit dem Denkmal des Ständeparlaments von 1812 und die Calle Rosario mit der hübschen Kapelle Santa Cueva, deren Kuppel Werke von Francisco de Goya zieren. Hinter San Juan de Dios winden sich die Gässchen des **Stadtteils Pópulo**, dem ältesten Viertel von Cádiz zwischen den Resten des römischen Theaters, der als Wehrkirche erbauten alten **Kathedrale** (17. Jh.) und der Casa de la Contaduría (Museum der Kathedrale) hindurch. Über den vielfarbigen Fassaden und dem Wellenbrecher des Campo del Sur erhebt sich die mit Kacheln verzierte Kuppel der neuen Kathedrale, deren Bau von 1722 bis 1883 mit dem Geld des Amerikahandels finanziert wurde.

Hinter der Kathedrale erstreckt sich das von der Calle Columela, der Calle Ancha, der Calle San José und der Calle Sagasta gebildete Straßennetz. Von der für das Publikum geöffneten Torre de Tavira aus, die im Innern eine kuriose „Dunkelkammer" birgt, hat man einen phantastischen Blick über die Stadt und das einzigartige Szenarium der vielen privaten Aussichtstürme, von denen aus man die einlaufenden Schiffe beobachten konnte. Ganz in der Nähe steht auf einem Platz die **Kirche San Felipe Neri** mit einer herrlichen „Unbefleckten Empfängnis" von Murillo. Dem Ständeparlament, das dort die erste spanische Verfassung verabschiedete, ist das angeschlossene Historische Museum gewidmet. Ebenfalls in direkter Nachbarschaft befindet sich das Frauenkrankenhaus (18. Jh.), ein schöner Barockbau mit Gemälden von El Greco und der Festsaal Gran Teatro Falla. Das ebenfalls hier befindliche **Museo de Cádiz** stellt viele archäologische Fundstücke wie etwa einen Doppelsarkophag orientalischer Herkunft für einen Mann und eine Frau aus dem 5. Jh. v.Chr. sowie einige Werke von Zurbarán aus. Von der **Plaza de la Mina** aus gelangt man auf die Alameda de Apodaca, einen die Altstadt umgebenden Grüngürtel direkt am Meer. Die Kirche El Carmen besitzt eine Fassade im Kolonialstil, während die 1598 erbaute **Burg Santa Catalina** das älteste Gebäude der Stadt ist. Gleich im Anschluss stößt man auf den beliebten Stadtstrand La Caleta, an den die traditionsreichsten Viertel der Stadt grenzen. Im **Barrio de la Viña** mit der Kirche La Palma, dem ständigen Markt und der **Plaza de las Flores** in der Nähe der Kathedrale ist die Lebenslust der Bewohner von Cádiz auf Schritt und Tritt zu spüren.

Von Medina Sidonia nach Tarifa

Von Cádiz aus geht es in den Süden der Provinz, entweder auf der „Route der Stiere" auf den Spuren der Kampfstiere, die im Landesinnern gezüchtet werden, oder am Meer entlang auf der schönen Route, die bis zur Meerenge von Gibraltar

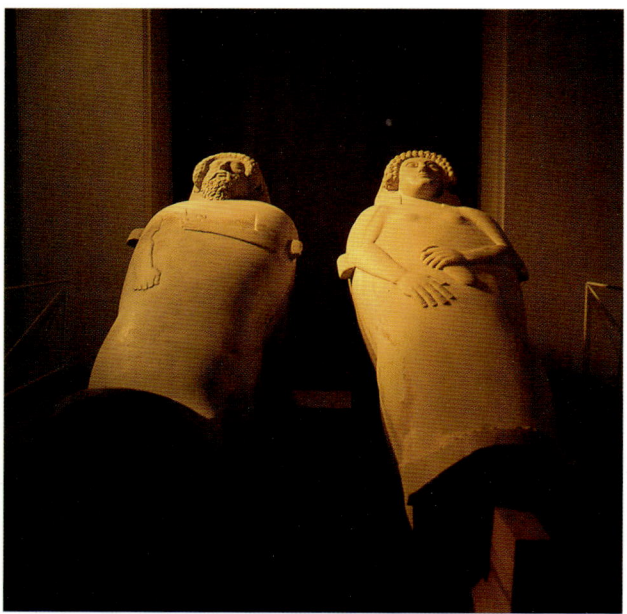

Rathaus von Cádiz (oben) ▲
Phönizische Sarkophage in Menschenform (unten)
Kathedrale (oben) ▶
Plaza de las Flores (unten)

Cádiz. Auf den Spuren des Weins und des Meers

Kirche Santa María la Coronada, Medina Sidonia
Medina Sidonia

Cádiz. Auf den Spuren des Weins und des Meers

Andalusien kreuz und quer

führt. Der Ort **Medina Sidonia** überschaut von einer Erhebung aus das Hinterland. Bei Phöniziern, Römern und Mauren war der spätere Mittelpunkt des gleichnamigen Herzogtums berühmter spanischer Granden unter dem Namen Asido bekannt. Der Pastora-Bogen ist ein Stadttor der islamischen Stadtmauer und gewährt Zugang zum Ortskern, der sich bis zur Kirche Santa María la Coronada (15.-16. Jh.) den Hang hinaufzieht. In Richtung Berge zeichnet sich die Silhouette von **Alcalá de los Gazules** ab. An der Plaza Alta liegt sowohl die Kirche San Jorge (15. Jh.) als auch der Ratssaal, der heute das Büro des Naturparks „Los Alcornocales" beherbergt. Dieser umfasst 170.000 ha zusammenhängenden besonders gepflegten Mittelmeerwald.

Die Südküste der Provinz Cádiz

Vejer de la Frontera erhebt sich wie ein Leuchtturm vor dem Hintergrund des Meeres. Das von den Mauren angelegte verschlungene Gassennetz der Innenstadt durchzieht die weiße Architektur, die mit Mauern, Kirchen, Klöstern und Herrenhäusern durchsetzt ist. Richtung Cádiz stößt man auf die felsigen Buchten von **Conil**, die Burg Sancti Petri und **Chiclana de la Frontera** mit dem charakteristischen Flair seiner Bodegas. In Richtung Tarifa dagegen liegen die Sandstrände des Kaps Trafalgar und **Barbate**, ein Fischerdorf mit langem Sandstrand, der bis nach **Zahara de los Atunes** reicht. Noch reizvoller ist **Bolonia**, die zauberhafte Bucht mit spektakulärer Sanddüne und den Ruinen einer römischen Stadt. Die zahlreichen Windkraftgeneratoren kündigen den südlichsten Punkt Europas an, das Wind- und Surfparadies **Tarifa**. Die schon von den Phöniziern besiedelte Landspitze war auch die erste Anlaufstelle der Mauren im Jahr 710 und erhielt den Namen ihres Anführers Tarif. Noch heute sind die Stadtmauern und die 960 von Abd-ar-Rahman III. erbaute Festung erhalten. Von dort aus schaut man auf die Küste Afrikas, die fast greifbar erscheint. Die Küstenlinie von Cádiz reicht bis zur **Meerenge** und der Hafenstadt **Algeciras** und der von **Gibraltar** abgeschlossenen Bucht, wo gleich nach der luxuriösen Siedlung Sotogrande das Mittelmeer beginnt.

Tarifa (oben)
Ruinen von Bolonia (unten)
Strand in Valdevaqueros, Tarifa (oben)
Vejer de la Frontera (unten)

Gibraltar

Am südlichsten Zipfel von Andalusien ragt der Felsen von Gibraltar aus dem Meer. Er wurde 1704 während der Spanischen Erbfolgekriege von einer englisch-holländischen Flotte erobert und der Friede von Utrecht bestätigte 1713 die Herrschaft Großbritanniens. Trotz der zahlreichen Versuche Spaniens im 18. Jh., dieses Stück Land zurückzuerhalten, besteht der Kolonialstatus bis heute. Seine sehr britische Atmosphäre steht in lebhaftem Kontrast zu den umliegenden andalusischen Dörfern.

Cádiz. Auf den Spuren des Weins und des Meers

Andalusien kreuz und quer

Arcos und Ronda
Wildromantische Gebirgsregionen

Am Schnittpunkt der Provinzen Cádiz und Málaga befindet sich ein Gebirgszug von außerordentlicher Schönheit, die nicht nur der Landschaft als solcher, sondern auch dem traditionellen Charme der weiß gekalkten Dörfer zu verdanken ist. Diese romantische Region umfasst die Gegend zwischen Arcos und Ronda, die „Route der weißen Dörfer".

Ronda ▶

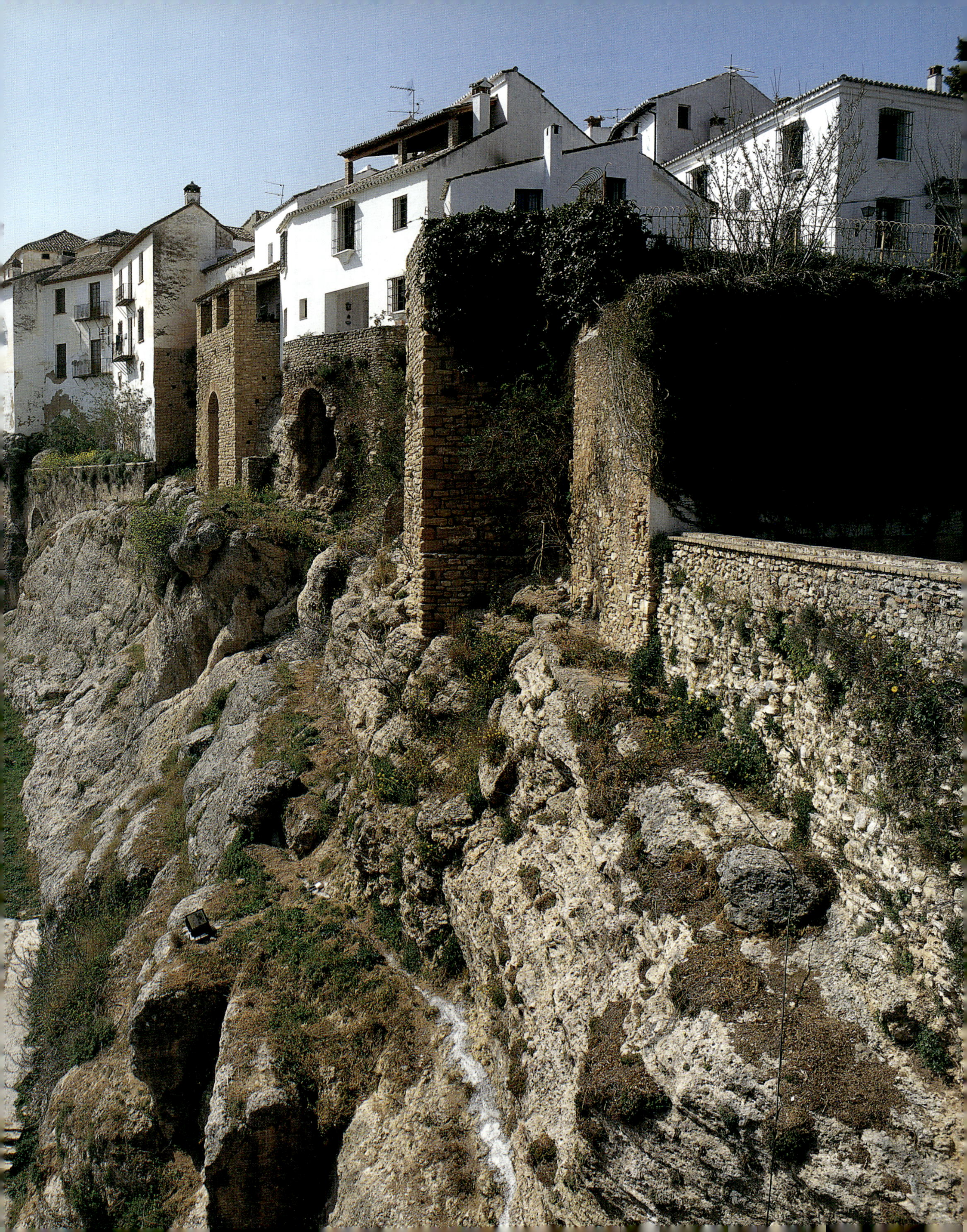

Arcos de la Frontera

Es heißt, sie sei die schönste Stadt Spaniens. An den Rand eines Felsens am Ufer des Guadalete geklammert erscheint **Arcos de la Frontera** wie ein Wasserfall strahlend weißer Häuser, Türme, Kirchen und Mauern. Der Ursprung des Ortes ist römisch und arabisch, doch sein besonderer Charakter bildete sich im Mittelalter heraus, als er befestigter Grenzposten an den Pforten des islamischen Königreichs von Granada war. Die Cuesta de Belén steigt in verführerischen Windungen zum oberen Teil der Stadt, dem Barrio Alto auf, einem verwinkelten Gewirr von engen Gassen, Wehrgängen und kleinen Plätzen, das sich durch die natürliche Eleganz der frisch gekalkten Häuser, der Tür- und Fenstergitter und der Innenhöfe voller bunter Blumenkübel auszeichnet. Auf dem höchsten Punkt lehnt sich ein Aussichtsbalkon über den atemberaubenden Steilhang, an dem sich auch die als islamisches Alkazar erbaute Burg befindet. Hoch über die Dächer der Wohnhäuser ragen die Glockentürme zweier Kirchen, der im gotischen Mudéjar- und Barockstil erbauten legendenumwobenen und mit reichen Kunstschätzen ausgestatteten

Kirche Santa María ▲
Parador-Hotel ▶

Arcos und Ronda. Wildromantische Gebirgsregionen

Andalusien kreuz und quer

Santa María de la Asunción (15.-18. Jh.) und der von **San Pedro**, die ebenfalls sehr eindrucksvoll ist und viel interessante Kunst zu bieten hat.

Die weißen Dörfer

Hinter Arcos beginnt die Sierra von Cádiz anzusteigen und geht schließlich in die Sierra von Ronda über. Das strahlende Weiß und das malerische traditionelle Flair sind der gemeinsame Nenner der Handvoll Dörfer, die diese schroffe unwegsame Gebirgslandschaft auf der Strecke in Richtung Ronda bevölkern. Im Tal des Guadalete liegen **Bornos** und **Algodonales** eingebettet zwischen Hügeln und weiter oben wie ein Adlerhorst **Zahara**, der Inbegriff eines romantischen Grenzortes zu Füßen einer arabischen Burg. Ähnlich gelegen ist **Olvera** mit der scharfkantigen Silhouette seiner mittelalterlichen Burg und der klassizistischen Kirche der Encarnación, doch schweift der Blick hier über Bergkuppen und Olivenhaine. Im Gegensatz dazu ist **Setenil de las Bodegas** gleichsam versteckt in einer Spalte. Der überraschte Besucher sucht vergeblich nach einer Anhöhe und entdeck-

Gebirge Sierra de Cádiz ▲

Olvera ▶

Arcos und Ronda. Wildromantische Gebirgsregionen

kt, dass die Straßen sich zu beiden Seiten einer Schlucht unter eindrucksvollen Felsüberhängen hinziehen. Es heißt, der Name Setenil leite sich vom lateinischen septem nihil, siebenmal nichts ab, weil die Christen so viele Versuche unternehmen mussten, um den Ort schließlich 1484 von den Mauren zurückzuerobern.

Sierra de Grazalema

Die **Sierra de Grazalema** ist das Herzstück der Region der weißen Dörfer. Das zum Biosphärenreservat und zum **Naturpark** erklärte ca. 50.000 ha große Areal ist einzigartig. Sein Wasserreichtum (die Regenfälle erreichen hier teilweise die höchsten Werte ganz Spaniens), die schroffen Kalksteinfelsen und die dichten Wälder bilden eine der reizvollsten Landschaften Andalusiens. Hinzu kommen eine artenreiche Fauna und die mediterrane Vegetation des feuchten Typs mit Korkeichen, Steineichen, Eichen und der seltenen spanischen Tanne, einem Relikt aus der Eiszeit, dessen Präsenz sich auf die Gebirgsketten von Cádiz und Ronda beschränkt.

Die frische klare Architektur von **El Bosque**, dem Tor zum Naturpark, von Benamahoma, Villaluenga, Benaocaz und vielen anderen arabisch anmutenden Dörfer ziert Täler und

Ubrique (oben) ▲
Werkstatt für Lederartikel (unten)
Grazalema ▶

Arcos und Ronda. Wildromantische Gebirgsregionen

Hänge. Zwischen Berggipfeln stößt der Besucher auf **Ubrique**, den Ort der Sierra mit den meisten Einwohnern und berühmt für sein Lederhandwerk und **Grazalema**, das „Non plus Ultra" der Bergdörfer. Zum Rauschen der Brunnen winden sich die gepflasterten Sträßchen von Grazalema im Schatten der Zypressen und spanischen Tannen den Hang hinauf. Ein Refugium der Ruhe und der klaren Luft auf einer Höhe von 830 m über dem Meeresspiegel.

Ronda

Richtung Osten taucht, bereits zur Provinz Málaga gehörend, **Ronda** auf. Die Faszination, die von diesem Zentrum der Berglandschaft ausgeht, ist kein Zufall. Angesichts der „Stadt der Träume" der Dichter und Reisenden reichen Worte zu ihrer Beschreibung nicht aus. Die Stadt nimmt ein Hochplateau ein, das unvermittelt in eine Schlucht übergeht, die 180 m tief abfällt. Schon der erste Eindruck ist atemberaubend, doch der zweite oder dritte Blick sind es nicht weniger. Ronda gilt mit seinen schmucken Burschen, seinen Toreros und Straßenräubern als das romantische Szenario Andalusiens schlechthin. Hier geben sich Geschichte und Legende die Hand, noch inspiriert von der Dramatik der Landschaft.

Bogen Felipe V, Ronda (links) ▲
Kirche La Mayor, Ronda (rechts)
La Mina, Ronda (unten)
Neue Brücke, Ronda (oben) ▶

Arcos und Ronda. Wildromantische Gebirgsregionen

Die Schlucht des Guadalevín teilt Ronda in zwei Teile. Auf der einen Seite liegt „La Ciudad", der alte mittelalterliche Stadtkern, auf der anderen „El Mercadillo", der Markt. Beide Teile sind durch das 1793 fertig gestellte schwindelerregende Viadukt **Puente Nuevo** miteinander verbunden. Die **Ciudad** umfasst die kompakte ummauerte Altstadt der Mauren, als die „Festung" Ronda nicht nur Granadas wehrhaftester Grenzposten, sondern auch der Hof eines der vom Kalifat Granada abhängigen Teilreiche der Taifas war. Die arabischen Prinzen wurden nach der Rückeroberung der Stadt durch die Katholischen Könige im Jahr 1485 von christlichen Rittern abgelöst. Eine herrschaftliche Atmosphäre prägt das gesamte Stadtgebiet mit seinen Mauern und Türmen, Kirchen, Klöstern und Patrizierhäusern. Alles überragt die **Kirche der Encarnación**, ein mit dem Anspruch einer Kathedrale im 16. und 17. Jh. auf den Resten einer Moschee erbautes Gotteshaus. Der Palacio de Mondragón (heute Stadtmuseum) war einst eins der luxuriösesten Stadtpalais Rondas. Das „Museo del Bandolero" ist den legendären Wegelagerern gewidmet, während die islamische Vergangenheit in den **arabischen Bädern** (13. Jh.) und in der so genannten „Mine des Hauses des Maurenkönigs" wieder auflebt. Dort führen die 365 Stufen einer Wendeltreppe bis hinunter in die Schlucht.

Zu beiden Seiten der Fußgängerzone Carrera de Espinel liegt gegenüber der „Ciudad" der modernere Stadtteil **Mercadillo**. An der Alameda del Tajo liegt die berühmte **Stierkampfarena** der Maestranza. Die sagenumwobene Arena mit ihren schlanken Steinarkaden wurde 1785 eingeweiht. Im September werden die traditionellen Goya-Stierkämpfe abgehalten, bei denen Torero und Publikum in zeitgenössische Kostüme gekleidet die damalige Epoche nachempfinden.

Valle del Genal und Sierra de las Nieves

Südlich von Ronda führt der alte Küstenweg, den schon Eseltreiber und Schmuggler benutzten, in Richtung Gibraltar durch das **Valle del Genal**, ein waldiges Tal, das die Dörfer Alpandeire, Cartájima, Benalauría, Benadalid, Algatocín und Gaucín umfasst. **Gaucín** bewacht den Talausgang von einer Felsnase aus, die vom Castillo del Águila bekrönt wird. Hinunter von Ronda zur Costa del Sol kreuzt das Bergmassiv der **Sierra de las Nieves**, ein unschätzbarer Naturpark mit alpinen Gipfeln, Wäldern und einem wundervollen Blick auf Afrika.

> **Ronda und seine Stierkämpfer**
>
> Das stolze und zugleich romantische Flair, das Ronda umgibt, verdankt die Stadt seinen berühmten Stierkämpfern, die einen mutigen, kraftvollen und nüchternen Kampfstil entwickelt haben. Der wichtigste von ihnen war Pedro Romero (1754-1839), der Vater des modernen Stierkampfs. Er tötete 5.600 Stiere in der Arena, ohne je eine Verletzung davonzutragen. Der bedeutendste Matador heute ist Antonio Ordóñez.

Stierkampfarena in Ronda ▶

Arcos und Ronda. Wildromantische Gebirgsregionen

Andalusien kreuz und quer

Málaga
Die Costa del Sol

Die Provinz Málaga beschreibt einen bergigen Bogen, der parallel zur Küstenlinie des Mittelmeers verläuft. Das Klima in Málaga und an der Costa del Sol ist besonders mild und macht die Region nicht nur in Andalusien, sondern weltweit zu einem besonders beliebten Ziel des kosmopolitischen Tourismus.

Málaga ▶

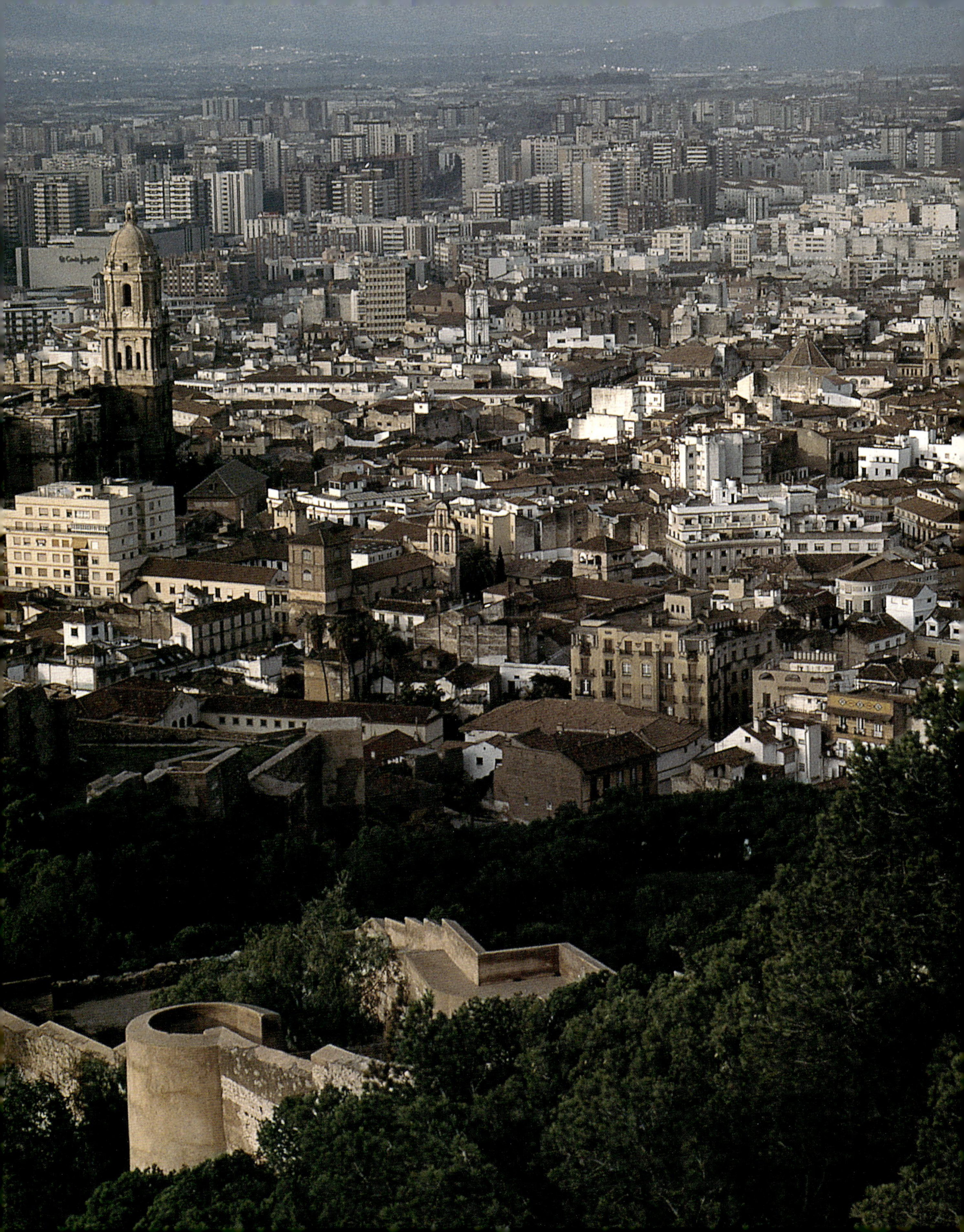

Die westliche Costa del Sol

Die Küste im Westen von Málaga ist der Mittelpunkt der Costa del Sol, der touristische Brennpunkt der Region. Ein nicht abreißendes Band von Städten, Siedlungen, Hotelkomplexen und Freizeitzentren erstreckt sich vor der Kulisse der Sierra, die mit weißen Dörfern übersät ist. Die Küste von Málaga beginnt mit den Stränden von **Manilva** und **Casares**, deren Ortskerne eingebettet zwischen Berghängen weiter im Landesinneren liegen und mit ihren weiß gekalkten Häusern ein typisch andalusisches Bild bieten. **Estepona** zieht sich die Hänge der Sierra Bermeja hinauf. Von der Plaza de las Flores und der Kirche Los Remedios (18. Jh.) verbreitert sich die Stadtfront zum Hafen und zur Strandpromenade hin. Die Strände sind mit alten Wachtürmen versehen und im Hinterland reihen sich ein Golfplatz und eine elegante Wohnanlagen an die andere.

Marbella

Das Schaufenster des Elitetourismus, der internationalen Jet-set, des Luxus und des Vergnügens ist das Aushängeschild der Costa del Sol. Die aufstrebende Tourismushauptstadt **Marbella** genießt ihr einzigartiges Mikroklima in Meernähe, geschützt vor den Nordwinden durch die Sierra Blanca. Der Ort war schon im Altertum beliebt. Davon zeugen die Ruinen der römischen Therme Las Bóvedas, die Reste einer maurischen Festung und die Entwicklung der christlichen Stadt seit 1485. Im 19. Jh. entwickelte sich die Stadt dank des Bergbaus und der Industrie. Der so entstandene Wohlstand war allerdings in keiner Weise mit dem zu vergleichen, den ab den fünfziger Jahren des 20. Jh. der Nobeltourismus brachte. Die damalige Stadt ist inzwischen das Zentrum eines weitläufigen Straßennetzes mit zahlreichen Ortskernen, die sich zwischen ebenso viele Sporthäfen und ein gutes Dutzend Golfplätze schieben. Die Plaza de los Naranjos ist die Hauptachse des alten Stadtkerns, flankiert vom 1569 erbauten Rathaus und anderen repräsentativen Gebäuden. In den umliegenden engen Gassen finden sich außerdem das Hospital Bazán, in dem das Kupferstich-Museum untergebracht ist und die Kirche La Encarnación aus dem 18. Jh. Die Appartementhäuser, die großen Villen und die moderne Moschee geben ein deutliches Bild von der internationalen Atmosphäre Marbellas. Das Meer ist gesäumt von so herrlichen Stränden wie Fontanilla, Los Monteros oder Las Chapas, während sich in westlicher Richtung der bekannte Hafen **Puerto Banús** befindet. Das Freizeitangebot und das Nachtleben dieses beliebten Liegeplatzes für Luxusyachten ist unübertroffen. Ganz in der Nähe befindet sich auch das belebte **San Pedro de Alcántara**.

Spießchen und "Pescaíto frito"

Trotz des Massentourismus und der modernen Golfplätze, Sporthäfen und luxuriösen Wohnanlagen hat sich die Costa del Sol in der Gegend um Málaga eine köstliche gastronomische Tradition gehalten, die sich auf den hervorragenden Fisch ihrer Küstengewässer stützt. Die typischsten Zubereitungsarten sind *Espetones*, direkt am Strand am Spieß gebratene Sardinen und *Pescaíto frito*, die in Mehl gewälzten und in Olivenöl frittierten delikaten Fischsorten der lokalen Gewässer.

Golfplatz, Marbella ▲
Casares (oben) ▶
Puerto Banús (unten)

Málaga. Die Costa del Sol

Andalusien kreuz und quer

Die Hänge der Sierra, die sich an der Küste entlang zieht, bieten fernab vom Rummel den wundervollen arabisch anmutenden Orten Ojén und Istán Schutz.

Von Marbella nach Málaga

Sonne und Strand sind die Faktoren, die das explosionsartige Wachstum des Küstenabschnitts zwischen Marbella und der Provinzhauptstadt bewirkt haben. Die kleinen Fischerdörfer von ehedem haben sich in ein globales Babel verwandelt. Von der arabischen Festung Sohail (10. Jh.) aus zieht sich **Fuengirola** über eine Länge von 7 km an der Strandpromenade hin. In den Bergen des Hinterlandes liegt das für seine Marmorvorkommen bekannte **Mijas** mit einer unregelmäßig geformten Stierkampfarena, gewundenen Gässchen und – nicht zu vergessen – seinen Eseltaxis. **Benalmádena** teilt sich in den alten Ortskern und den um den Hafen herum gewachsenen Küstenort. Der Küstengürtel setzt sich bis nach **Torremolinos**, den Lieblingsort des volkstümlichen Sommertourismus fort. Sein feinkörniger Sandstrand La Carihuela ist ein Gewimmel von Imbissständen und Restaurants, die den für die Küche von Málaga so typischen frittierten Fisch *pescaíto frito* servieren.

Mijas (oben)
Fuengirola (unten)
Gewölbe der Kathedrale von Málaga (oben)
Kathedrale von Málaga (unten)

Málaga. Die Costa del Sol

Andalusien kreuz und quer

Málaga

Die zweitgrößte Stadt Andalusiens und sechstgrößte Spaniens liegt in einer Niederung zu beiden Seiten der Mündung des Guadalmedina. Seit jeher Schnittpunkt der Land- und Seerouten, stammen erste Zeugnisse von der Existenz Málagas aus dem 6. Jh. v.Chr., als die Phönizier die Manufaktur *Malaka* gründeten. Unter den Mauren war die Stadt der wichtigste Hafen des spanischen Südens und im 19. Jh. brachte der Handel mit Wein und Obst neuen Reichtum. Die Wirtschaft gründet sich auf den Dienstleistungsbereich und den Tourismus, doch werden angestammte Traditionen wie die Prozessionen der Karwoche, die Feria und die Fiestas de los Verdiales sorgfältig gehütet.

Die wichtigsten Baudenkmäler sind in der Altstadt unterhalb der Hügel von **Gibralfaro**. Der von den Mauren befestigte „Berg des Leuchtturms" ist der beste Aussichtspunkt der zwischen dem 8. und 14. Jh. auf römischen Fundamenten erbauten maurischen **Alcazaba**. Der alte Stadtkern ist von zwei Mauerringen umschlossen und besitzt einen Palastbereich aus dem 11. Jh., der in der Nasriden-Zeit (13.-15. Jh.) erweitert wurde. Im unteren Teil stößt man auf die abgestufte Zuschauertribüne eines römischen Theaters aus dem 1. Jh. n.Chr. Ein Spaziergang durch die winkligen Gassen führt zur **Kathedrale**. Sie wird „Die Einarmige" genannt, weil einer ihrer Zwillingstürme nur halb fertig wurde. Der Bau begann 1528 auf dem Gelände einer ehemaligen Moschee unter der Leitung von Enrique Egas, zog sich jedoch bis Ende des 18. Jh. hin. Dadurch ist der vorherrschende Gotik-Renaissance-Stil teilweise von barocken Elementen durchdrungen. Die Kirchenschiffe, Kapellen und das Museum beherbergen zahlreiche Kunstschätze wie etwa ein Chorgestühl mit Figuren von Pedro de Mena und Gemälde von Luis de Morales, José de Ribera und Alonso Cano. Am gegenüberliegenden Platz steht das Bischofspalais (16.-18. Jh.).

Die Gassen der Altstadt verbinden Palästen und Kirchen wie die Gemeinde **Santiago** mit der Heiligenstatue Jesús el Rico mit der **Plaza de la Merced**. In einem seiner Häuser wurde 1881 der berühmteste Bürger Málagas, Pablo Ruiz Picasso geboren. Erinnert wird an den Künstler mit einem Überblick über sein Schaffen. Von dort aus gelangt man über die Plaza de la Victoria mit der 1700 geweihten Kapelle der Schutzheiligen ins Zentrum. Eine der Haupteinkaufsstraßen ist die zum Hafen hin abfallende **Calle Marqués de Larios**. Gen Westen führt die **Alameda Principal** am Hauptmarkt und dem in einem alten Gasthaus untergebrachten Volkskunst- und Brauchtumsmuseum Museo del Mesón de la Victoria vorbei und am Flusslauf des Guadalmedina entlang bis in das volkstümliche Wohnviertel Perchel. Gen Osten gelangt man

Geburtshaus, Fundación Picasso (oben)
Die Alcazaba (unten)
Die Alcazaba

Málaga. Die Costa del Sol

über den tropisch wuchernden **Paseo del Parque** und vorbei am modernistischen Rathaus von 1919 an die Stierkampfarena La Malagueta und die Strandpromenaden. Diese führen in Richtung Pedregalejo und El Palo, ein typisches Fischerdorf, wo man direkt am Strand Pfeilhechte und anderen Köstlichkeiten bekommt.

Vélez-Málaga ▶
El Torcal in Antequera (oben) ▼
La Axarquía (unten)

Antequera und El Torcal

Auf einem Hochplateau liegt 50 km von Málaga die Gemeinde **Antequera**, der geografische Mittelpunkt Andalusiens. Der schon seit Jahrtausenden besiedelte Ort verfügt über die rund 4.500 Jahre alten Dolmens von Menga, Viera und El Romeral. Im oberen Teil der Stadt liegt das arabische Alkazar, die 1550 fertiggestellte Stiftskirche Santa María und die Kapelle El Portichuelo. Im unteren Teil der Stadt stößt der Besucher auf erste Entfaltungen des Barockstils an der Stiftskirche San Sebastián (16.-18. Jh.) oder dem zum Museum umfunktionierten Palacio de Nájera (18. Jh.), in dem die wertvolle römische Bronzestatue „Der Ephebe von Antequera" zu sehen ist. Besonders interessant ist auch die von Wind und Wasser geschaffene Karstlandschaft **El Torcal**.

Málaga. Die Costa del Sol

Andalusien kreuz und quer

La Axarquía und die östliche Costa del Sol

Im östlichen Teil von Málaga liegt die Axarquía, ein bergiges Gebiet mit Wäldern, Rebflächen, Nutzgärten und arabisch anmutenden Dörfern. **Vélez Málaga** ist die Hauptstadt dieses idyllischen Fleckchens Erde. Das maurische Alkazar, die Kirche Santa María und das Barrio de la Villa sind neben der Kirche San Juan (16. Jh.) einige Höhepunkte des Stadtbildes. Auf den umliegenden Hügeln die Dörfer der Axarquía, bekannt für ihre Weine, ihre Rosinen und ihren Zuckerrohrsirup. Eins davon ist **Cómpeta** an den Ausläufern des Naturparks Sierras de Alhama, Tejeda und Almijara, ein anderes das gänzlich maurische **Frigiliana**, ein drittes **Torrox**, ein Labyrinth weiß getünchter blumengeschmückter Häuser.

Nerja

Ein weiterer Anziehungspunkt ist **Nerja** mit seinem Balcón de Europa, der die Steilhänge und kristallklaren Buchten der Ostküste überblickt, doch auch die Erkundung der Innenstadt und der Kirche El Salvador vom Ende des 17. Jh. ermöglicht. Außerhalb der Stadt sollte man es auf keinen Fall versäumen, die spektakuläre Tropfsteinhöhle zu besichtigen, die erst 1959 durch Zufall entdeckt wurde.

Cómpeta (oben) ▲
Tropfsteinhöhle in Nerja (unten)
Frigiliana (oben) ▶
Klippen von Maro, Nerja (unten)

Málaga. Die Costa del Sol

Córdoba
Das aristokratische Landesinnere

1. Calahorra-Turm
2. Arabische Mühlen
3. Römische Brücke
4. Mezquita-Kathedrale
5. Erzbischöfliches Palais
6. Alkazar der Christlichen Könige
7. Stadtmauer und arabische Stadttore
8. Synagoge
9. Stierkampfmuseum
10. Archäologisches Museum
11. Plaza del Potro
12. Kunstmuseum und Museum Julio Romero de Torres
13. Plaza de la Corredera
14. Kirche San Nicolás de la Villa
15. Kirche Santa Marina
16. Viana-Palast
17. Plaza del Cristo de los Faroles
18. Kloster La Merced

Von der Sierra Morena bis zu den hügeligen Niederungen des Guadalquivir erstreckt sich die Provinz Córdoba im Zentrum von Andalusien. Ihre Hauptstadt und die sie umgebenden Dörfer sind stolze Zeugen der reichen Geschichte der Region.

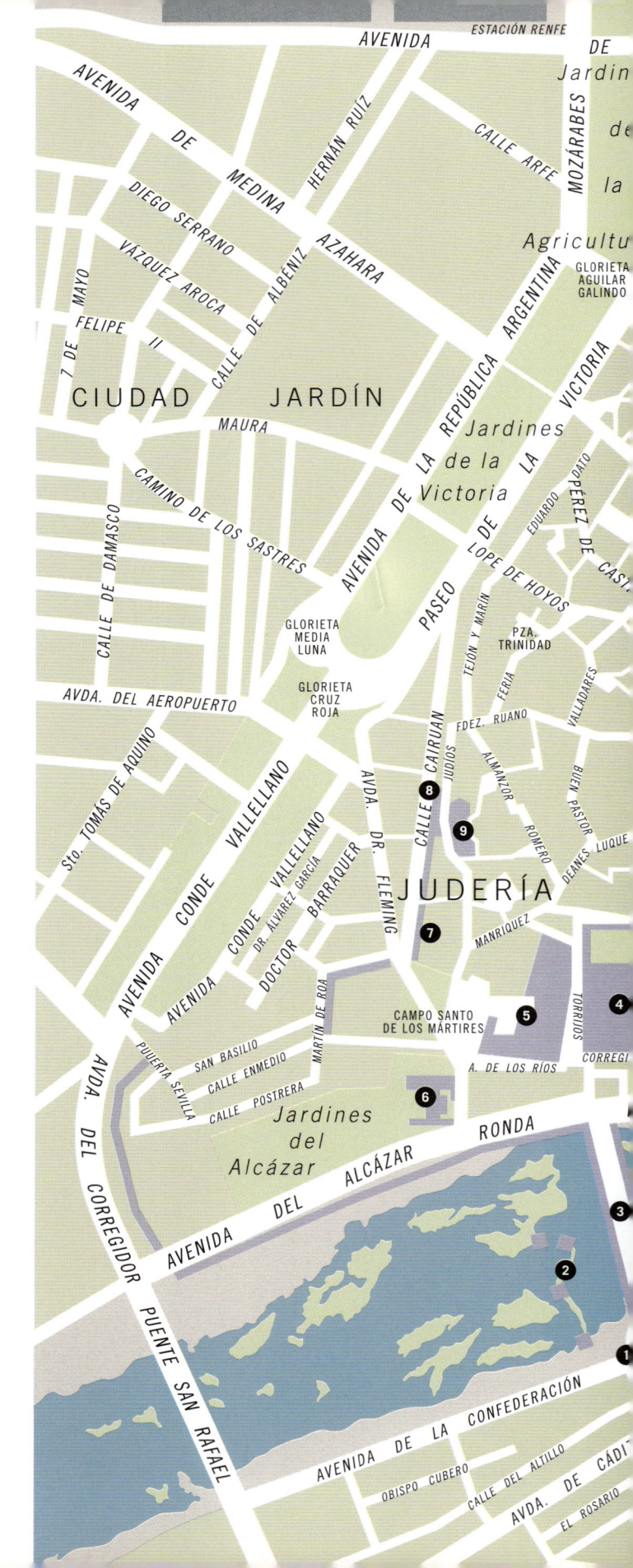

Map of Córdoba (central area)

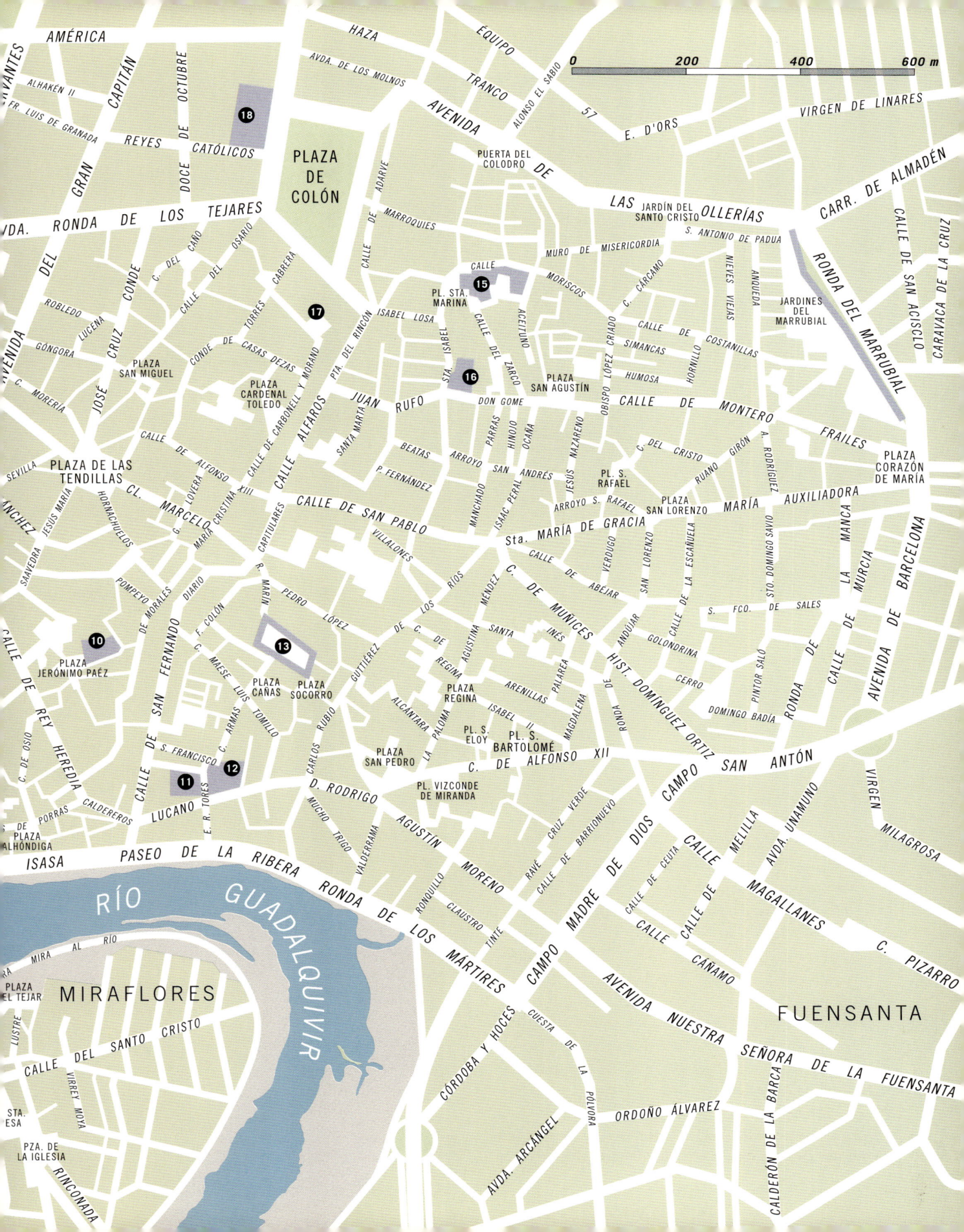

Scale: 0 — 200 — 400 — 600 m

Major areas and landmarks

- **PLAZA DE COLÓN**
- **RÍO GUADALQUIVIR**
- **MIRAFLORES**
- **FUENSANTA**
- **JARDÍN DEL SANTO CRISTO**
- **JARDINES DEL MARRUBIAL**

Numbered points of interest

- 10 — Plaza Jerónimo Páez
- 11
- 12
- 13 — Plaza Socorro / Plaza Cañas
- 15 — Pl. Sta. Marina
- 16
- 17
- 18

Plazas

- Plaza de las Tendillas
- Plaza San Miguel
- Plaza Cardenal Toledo
- Plaza Sta. Marina
- Plaza San Agustín
- Pl. S. Rafael
- Plaza San Lorenzo
- Plaza Corazón de María
- Plaza Jerónimo Páez
- Plaza Cañas
- Plaza Socorro
- Plaza Regina
- Plaza San Pedro
- Pl. S. Eloy
- Pl. S. Bartolomé
- Pl. Vizconde de Miranda
- Plaza Alhóndiga
- Plaza del Tejar
- Pza. de la Iglesia

Principal streets and avenues

- Avda. de los Molinos
- Avenida de las Ollerías
- Ronda del Marrubial
- Carr. de Almadén
- Calle de San Acisclo
- Caravaca de la Cruz
- Virgen de Linares
- Ronda de los Tejares
- Avda. del Gran Capitán
- Gran Capitán
- Reyes Católicos
- Doce de Octubre
- Alhakén II
- Fr. Luis de Granada
- Avenida de Cervantes
- América
- Haza / Equipo / Tranco
- Alonso el Sabio
- E. D'Ors
- Puerta del Colodro
- Adarve
- Calle de Marroquíes
- Muro de Misericordia
- S. Antonio de Padua
- C. Cárcamo
- Nieves Viejas
- Anqueda
- Calle de Costanillas
- Simancas
- Hornillo
- Humosa
- Obispo López Criado
- Calle de Montero
- Frailes
- C. del Cristo
- A. Rodríguez
- Ruano
- Girón
- María Auxiliadora
- La Manca
- Avenida de Barcelona
- Calle de Murcia
- Sto. Domingo Savio
- S. Fco. de Sales
- Pintor Saló
- Domingo Badía
- Ronda de
- Hist. Domínguez Ortiz
- Campo San Antón
- Avda. Unamuno
- Virgen Milagrosa
- Calle Magallanes
- C. Pizarro
- Madre de Dios
- Campo
- Avenida Nuestra Señora de la Fuensanta
- Calderón de la Barca
- Ordoño Álvarez
- Avda. Arcángel
- Córdoba y Hoces
- Cuesta de la Pólvora
- Paseo de la Ribera
- Ronda de los Mártires
- Isasa
- Calle del Santo Cristo
- Rinconada
- Sta. Teresa
- Virrey Moya
- Lustre
- Mira al Río
- Calle de San Pablo
- Calle de Alfonso XIII
- María Cristina
- Capitulares
- Villalones
- Sta. María de Gracia
- Calle de Abejar
- San Lorenzo
- Verdugo
- Calle de la Escañuela
- Andújar
- Golondrina
- Cerro
- Manchado
- Isaac Peral
- Jesús Nazareno
- Arroyo S. Rafael
- Arroyo San Andrés
- Ocaña
- Hinojo
- Parras
- Beatas
- P. Fernández
- Santa Marta
- Pta. del Rincón
- Juan Rufo
- Calle Alfaros
- Calle de Carbonell y Morand
- Conde de Casas Dezas
- Calle del Osario
- C. del Caño
- Cabrera
- Torres
- Conde Cruz
- Robledo
- Lucena
- Góngora
- Morería
- José Cruz
- Sevilla
- Saavedra
- Jesús María
- Hornachuelos
- Pompeyo
- Calderón de Morales
- Diario
- F. Colón
- Pedro López
- R. Marín
- Maese Luis
- Tomillo
- Carlos Rubio
- Gutiérrez
- La Paloma
- Alcántara
- Agustina
- Santa Inés
- Arenillas
- Palarea
- Isabel II
- Magdalena
- C. de Alfonso XII
- D. Rodrigo
- Mucho Trigo
- Valderrama
- Agustín Moreno
- Romuillo
- Claustro
- Tinte
- Ravé
- Cruz Verde
- Calle de Barrionuevo
- Calle de Ceuta
- Melilla
- Calle Cañamo
- E.R. Torres
- S. Francisco
- Calle de San Fernando
- C. Maese
- Armas
- Lucano
- C. de Osio
- C. de Rey Heredia
- Porras
- Caldereros
- Sta. Isabel
- Calle del Zarco
- Aceituno
- Don Gome
- Mendoza
- C. de Muñices
- Ronda de
- Sánchez

Judenviertel (Judería) ▲
Der Guadalquivir ▶

Córdoba

Die Stadt Córdoba liegt an den Ufern des Guadalquivir am Fuße der Sierra Morena. Obwohl es sich ursprünglich um eine phönizische Niederlassung handelte, wurde *Corduba* im 2. Jh. v.Chr. als Hauptstadt der römischen Provinz Baetica neu gegründet. Im Jahr 756 machte der omajjadische Prinz Abd-ar-Rahman I. sie zur Hauptstadt des Emirats Al-Andalus. Ihre höchste Blüte erreichte sie im 10. Jh., als sie im von Abd-ar-Rahman III. proklamierten Kalifat die wichtigste Metropole des Abendlandes wurde, in der Muslime, Christen und Juden tolerant und einander kulturell bereichernd zusammenlebten. Nach dem Niedergang der Dynastie der Omajjaden wurde die Stadt 1236 von Fernando III. erobert und wurde zum Wohnsitz des vornehmsten christlichen Adels. Der historische Stadtkern der Heimatstadt von Seneca und Averroes, Góngora und Julio Romero de Torres mag der Schlüssel zu vielen Eigenheiten der andalusischen Seele sein, weshalb es nicht verwunderlich ist, dass er zum Weltkulturerbe erklärt wurde.

Die Mezquita und das Judenviertel

Die Altstadt von Córdoba umfasst das Gebiet der alten muslimischen Medina, begrenzt durch die Moschee und den

Córdoba. Das aristokratische Landesinnere

Andalusien kreuz und quer

Fluss. Der im 14. Jh. umgebaute arabische Wachturm **Calahorra** ist Sitz eines Museums, das den drei Kulturen (Mauren, Christen und Juden) gewidmet ist, die den Glanz Córdobas mit aufgebaut haben. Gleichzeitig bewacht er den Zugang zur **römischen Brücke**, die zur Moschee führt. Am rechten Ufer befindet sich neben dem Barockdenkmal, das den Triumph des Hl. Raphael, des Schutzpatrons der Stadt darstellt, das Rechteck der **Mezquita und Kathedrale**, eins der eindrucksvollsten Werke der islamischen Baukunst. Abd-ar-Rahman I. begann 785 mit dem Bau an einer Stelle, an der vorher eine westgotische Basilika stand. Abd-ar-Rahman II. ließ 833 den Betsaal vergrößern und im darauf folgenden Jahrhundert gab Abd-ar-Rahman III. ein neues Minarett in Auftrag. Sein Sohn Al-Hakem ließ das Bauwerk noch einmal vergrößern und prächtiger ausstatten, doch war es schließlich Almanzor, der ihm seine endgültige Größe gab. Die Schmucklosigkeit der Fassaden, nur aufgelockert durch die Kadenz der fein gearbeiteten Portale, bildet einen starken Gegensatz zu der üppigen Vegetation und den Brunnen im Orangenhof, dem Patio de los Naranjos, der für rituelle Waschungen benutzt wurde. An der Nordseite des Innenhofs erhebt sich der mit klassischer Architektur aus dem 16. und 17. Jh. verkleidete Turm, gegenüber befindet sich die Gebetshalle. Diese umfasst 19 Schiffe mit zweifarbigen

Wachturm von Calahorra (oben) ▲
Außenansicht der Mezquita (unten)
Mezquita (oben) ▶
Innenhof Patio de los Naranjos (unten)

Córdoba. Das aristokratische Landesinnere

Andalusien kreuz und quer

Innenansicht der Mezquita ▶
Kuppel der Maksura (oben) ▼
Maksura und Mihrab (unten)

Córdoba. Das aristokratische Landesinnere

Hufeisenbögen, die sich auf hunderte Säulen stützen. Der visuelle Effekt dieses Waldes aus Stein und Ziegeln, der unerwartete Durchblicke und einzigartige Lichtreflexe bietet, ist unvergesslich. In den älteren Bauabschnitten sind römische und westgotische Säulenschäfte und Kapitelle verbaut. In der Südwand öffnet sich der Mihrab, die Nische, der sich die Betenden zuwenden. Sie ist mit glänzenden Mosaiken geschmückt, die von byzantinischen Künstlern ausgeführt wurden. Ihr vorgelagert ist die Kuppel der Maksura, dem für den Kalifen reservierten Platz. Der ursprüngliche Zustand der Moschee veränderte sich im 16. Jh. schlagartig mit dem Bau einer christlichen Kathedrale mit Stilelementen der Gotik und der Renaissance. Als Karl V. sie sah, beklagte er: „Was ihr getan habt, hättet ihr überall tun können, doch was ihr zerstört habt, war einmalig auf der Welt".

Ebenfalls am Fluss befindet sich der **Alcázar de los Reyes Cristianos**, der Palast der Christlichen Könige. Er wurde 1327 von König Alfonso XI. auf dem Grundstück des ehemaligen Kalifenpalasts gebaut. Abgesehen von den idyllischen Gärten verfügt er über eine hervorragende Sammlung römischer Plastiken. Ausgehend von der Mezquita und dem Alcázar verzweigen sich die Gassen des ehemaligen Judenviertels, des **Barrio de la Judería**. Heute erfreut dieser Teil der Altstadt den Besucher mit versteckten kleinen Plätzen und Durchgängen, verborgenen Ecken und beschaulichen Innenhöfen voller Blumenkübel und Pflanzen. Als eine der wenigen in ganz Spanien ist auch eine **Synagoge** aus dem 14. Jh. erhalten geblieben. Das Stierkampfmuseum zeigt die Andenken an diese so tief verwurzelte Tradition und die gemütliche Gastfreundschaft der zahlreichen Tavernen und Tapas-Bars lädt zum Verweilen ein.

Von der Altstadt ins Zentrum und in die Außenbezirke

Östlich von der Mezquita gibt es weitere historisch interessante Bereiche wie das in einem Renaissancepalast aus dem 15. und 16. Jh. untergebrachte **Archäologische Museum**, das eine hervorragende Sammlung von Kunstwerken aus der Kalifenzeit ausstellt. Ganz in der Nähe des Flusses ist die **Plaza del Potro**, ein typischer, schon von Cervantes zitierter Platz, an dem sich das Museum der Schönen Künste (**Museo de Bellas Artes**) und das **Museum Julio Romero de Torres** befindet. Dieser Maler ist vor allem für seine typisch andalusischen Motive bekannt. Weiter nördlich ist die **Plaza de la Corredera** (17. Jh.), die mit ihrer Marktplatzatmosphäre an eine altkastilische Plaza Mayor erinnert. Die **Plaza de las Tendillas** ist das geografische Zentrum Córdobas und bildet den Übergang zu den moderneren Stadtteilen der Avenida del Gran Capitán und den volkstümlicheren Wohnvierteln. Ebenfalls in dieser Gegend anzu-

Synagoge (oben) ▲
Innenhof (unten)
Der Guadalquivir (oben) ▶
Alkazar der Christlichen (unten)

Córdoba. Das aristokratische Landesinnere

treffen sind die Reste des römischen Tempels des Claudio Marcelo, die bekannten Gemeinden San Nicolás de la Villa (13.-16. Jh.) und die von Fernando III. nach der Reconquista gestiftete Kirche Santa Marina. Direkt gegenüber steht das Denkmal des unseligen cordobeser Toreros Manolete. Die Besichtigung des **Palacio de Viana** (14.-17. Jh.) führt dem Besucher die Annehmlichkeiten einer riesigen Villa mit 14 Innenhöfen und ungezählten Kunstschätzen vor Augen. Bevor man die Altstadt durch die Gärten verlässt, die eines der besten Beispiele des cordobeser Barocks, das alte Kloster von La Merced (18. Jh.) umgeben, führt der Rundgang noch an einem der typischsten Orte Córdobas, dem beschaulichen **Plaza del Cristo de los Faroles** vorbei.

Die Umgebung von Córdoba

Es sind nur 10 km von Córdoba nach **Medina Azahara**, der höfischen Residenzstadt, die Abd-ar-Rahman III. ab 936 am Fuße der Sierra Morena errichten ließ. Die in ihren Resten teilweise noch sichtbare Pracht war von kurzer Dauer, da die Stadt im Jahr 1010 von berberischen Rebellen im Zuge des Niedergangs des Kalifats zerstört wurde. Die Ruinen nehmen eine rechteckige in Terrassen angelegte Grundfläche ein, die von der Moschee und den Wohnhäusern für 15.000 Personen

> **Die Vorratskammer Córdoba**
> Córdoba ist aus landwirtschaftlicher Sicht eine der reichsten Provinzen Andalusiens. Zu den wichtigsten Produkten der Region zählen Wein und Olivenöl, deren Qualität durch entsprechende Ursprungsbezeichnungen zertifiziert wird. Die andalusischen Weine aus dem südlichen Teil der Provinz unterstehen der D.O. Montilla-Moriles. Die feinen nativen Olivenöle extra aus den höher gelegenen Regionen und den Berggegenden des Südens stehen unter dem Schutz der Ursprungsbezeichnungen Aceite de Baena und Aceite de Priego.

Haus der Wesire, Medina Azahara (oben) ▶
Medina Azahara (unten)
Baena ▼

Córdoba. Das aristokratische Landesinnere

Andalusien kreuz und quer

zu einem Palastbereich mit Teichen, Gärten und luxuriösen Wohnräumen aufsteigt. Der Salón Rico (Reicher Salon) gibt eine Vorstellung von der vergangenen Pracht: Hufeisenbögen, Säulen in verschiedenen Farben, Kapitelle mit Wabenmuster, Wände mit Stuckarbeiten und Marmorverkleidungen mit pflanzlichen Reliefs, die den klassischen orientalischen Ursprung der Omajjaden-Kunst deutlich werden lassen. An den Hängen der Sierra Morena ist der Aussichtsbalkon über die Stadt und das **Las Ermitas** Tal unübersehbar. Etwas weiter entfernt liegt in nördlicher Richtung der Bezirk **Los Pedroches** mit lichten Mittelmeerwäldern und friedlichen Dörfern.

Ein Stück flussabwärts kommt die Burg **Almodóvar del Río** in Sicht. Die gut erhaltene im 14. Jh. auf arabischen Fundamenten errichtete Festung im gotischen Mudéjar-Stil war die bevorzugte Zuflucht von König Pedro I. Eine kurze Fahrt flussaufwärts führt nach **Montoro**, einem aus rötlichem Stein und Kalk erbauten Dorf, das in einer Schleife des Flusses liegt.

Die Campiña Alta

Im Süden Córdobas lösen die Rebflächen und Olivenhainen der Campiña Alta die Weizenfelder ab. Eingebettet in die Hügel finden sich Städte, die ebenso viel Kunst und Gast-

Kirche La Asunción, Priego ▶
Volksfest „Romería de los Gitanos", Cabra (oben) ▼
Brunnen Fuente del Rey, Priego (unten)

Córdoba. Das aristokratische Landesinnere

freundschaft wie Oliven und Wein zu bieten haben. Bei der Erzeugung von Olivenöl ist **Baena** einer der wichtigsten Orte Spaniens. Seine städtebaulichen Reize laden zu einem Rundgang durch die arabischen Mauern, die Kirchen und Klöster ein. Die Klöster Santa María und Madre de Dios sind aus dem 16. Jh., wie auch mehrere der fein gearbeiteten zivilen Barockbauten und einige Beispiele der Volksarchitektur. **Montilla** ist die Hauptstadt es wichtigen Weinbaugebiets Montilla-Moriles, das die bekannten Finos, Amontillados und Olorosos erzeugt. In diesem geschichtsträchtigen Städtchen wechseln sich Bodegas mit historischen Bauten wie der Burg, der Santiago-Kirche oder dem Klosters Santa Clara ab. Am südlichsten Punkt der Provinz befindet sich **Lucena**, ein aufstrebender Industrieort, der im Mittelalter „die Perle Sepharads" genannt wurde, weil er eine der größten jüdischen Gemeinden der Iberischen Halbinsel beherbergte. Sehenswert sind die Burg El Moral und die Gemeinde San Mateo (15.-16. Jh.) mit der erstaunlichen Sagrario-Kapelle von 1772, einem Meisterwerk des im südlichen Teil Córdobas im 18. Jh. so beliebten exaltierten ornamentalen Barockstils.

Burgen und Festungen

Der ehemalige Grenzstreifen im Süden Córdobas zwischen den christlichen und maurischen Gebieten des Mittelalters, der auch die Besitzungen mächtiger Adeliger umfasste, weist zahlreiche Burgen, befestigte Städtchen, Festungen und Wachtürme auf. Unter vielen anderen sind besonders die Burgen von Almodóvar, Montemayor, Espejo, Priego, Luque und Zuheros sowie die Befestigungsmauern von Baena, Montilla, Aguilar oder Iznájar hervorzuheben.

Die Sierras Subbéticas

Die Abhänge der Sierras Subbéticas schieben einen Keil schroffer Felsen mit mediterranen Wäldern in die sanfte Hügellandschaft der Campiña. Über 30.000 ha dieses ökologisch wichtigen Naturraums sind im Rahmen des Naturparks der Sierras Subbéticas geschützt. In seinem Umland befinden sich burgbewehrte Orte wie Zuheros oder Luque und Städte wie Cabra und Priego. Das archäologische Museum von **Cabra** veranschaulicht die Geschichte der Stadt ebenso wie die Plaza Vieja, die Gassen des Barrio de la Villa, die Burgmauern und die Kirche Asunción (16.-18. Jh.). Das inmitten von Wäldern und Feldern gelegene **Priego de Córdoba** bietet schöne barocke Gebäude aus dem 18. Jh. Seine Burg, die Befestigungsmauer und das Barrio de la Villa stammen aus der arabischen Vergangenheit, während die Kirche Asunción (16.-18. Jh.) mit der spektakulären Sagrario-Kapelle von 1772 und die Kirche Aurora gute Beispiele des Barockstils sind. Die überreiche Ornamentierung kommt im Stadtbild vor allem an dem Anfang des 19. Jh. fertiggestellten Brunnen Fuente del Rey zum Ausdruck.

Almodóvar del Río ▶

Córdoba. Das aristokratische Landesinnere

Andalusien kreuz und quer

Jaén
Das Paradies im Landesinnern

Jaén ist das Verbindungsglied zwischen Andalusien und dem kastilischen Hochplateau. Der Oberlauf des Guadalquivir durchzieht das endlose „Meer von Ölbäumen" dieser Provinz, die sich von der Sierra Morena im Norden bis zu den karstigen Gebirgszügen des Südens hinzieht. Auch hier fehlt es nicht an vielfältigen Zeugen der Geschichte.

Jaén ▶

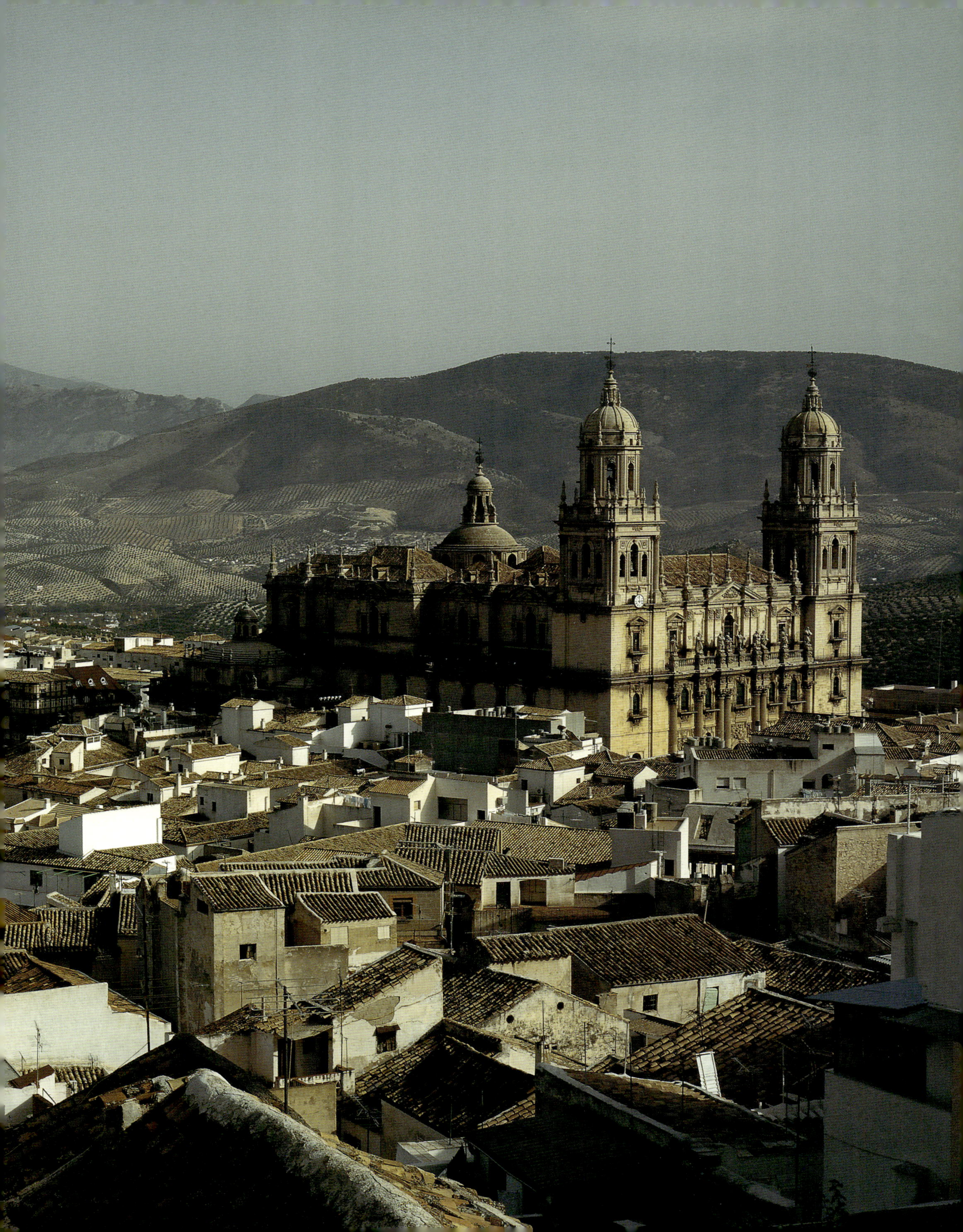

Die Sierra Morena von Jaén

Andújar liegt am Guadalquivir am Fuße der Sierra Morena und ist einer der bemerkenswertesten Orte Oberandalusiens. Sein Mittelpunkt ist die Plaza de España mit der Kirche San Miguel und dem Rathaus, das in einem aus der Zeit Philipps IV. stammenden Komödientheater untergebracht ist. Im malerischsten Teil der Altstadt stößt man auf den aus dem 16. Jh. stammenden Uhrturm und die Kirche Santa María (15. und 17. Jh.), die für den Besucher Kunstschätze wie „Das Gebet Jesu im Garten" von El Greco bereithält. Die Sierra Morena zieht sich nördlich der Stadt als **Naturparks Sierra de Andújar** hin. Im Herzen der Gebirgslandschaft befindet sich das Heiligtum Santuario de la Virgen de la Cabeza, wo Ende April um die fünfhunderttausend Personen zusammenkommen, um die wichtigste Wallfahrt dieser Region Andalusiens zu feiern.

Östlich von Andújar erhebt sich die Burg von **Baños de la Encina**, die im Jahr 968 von den Kalifen von Córdoba errichtet wurde, um die Ausfallstraße aus Richtung Kastilien zu sichern. Heute ist das „Tor von Andalusien" an der Schlucht von **Despeñaperros** über **Bailén** zu erreichen. Ganz in der Nähe ist der Ort **La Carolina**, der 1767 als Hauptstadt der von Carlos III. in der dortigen Einsamkeit angesiedelten Kolonien gegründet wurde. Die wie Perlenschnüre aufgereihten Straßen des Dorfes sind ein hervorragendes Beispiel für die städteplanerischen Vorstellungen der Illustration. Weiter unten im Tal führt **Linares** die Bergbautradition der Gegend fort, deren Vorläufer neben Plastiken und anderen Fundstücken der iberischen Ausgrabungsstätte Castulo im Regionalmuseum ausgestellt sind.

Jaén

Das schon von Iberern und Römern besiedelte **Jaén** wurde unter den Mauren zu einer wichtigen Karawanserei. So leitet sich auch der Name der Stadt von dem gleichbedeutenden arabischen Wort Yayyan ab. Später war Jaén ein wichtiger Grenzort, und nach seiner Eroberung durch Fernando III. wurde es 1246 zur Hauptstadt des Heiligen Königreichs. Auf dem Kamm eines Felsblocks erhebt sich die von Mauren und Christen im 12. und 13. Jh. erbaute **Burg** Santa Catalina, ein idealer Ausguck über die Stadt und die umliegenden Olivenhaine. Die **Kathedrale** von beeindruckenden Ausmaßen, ein Meisterwerk der Renaissance, ragt über die Wohnviertel der Altstadt hinaus, die sich an die Ausläufer des Felsens drängen. Der Entwurf aus der Mitte des 16. Jh. stammt von Andrés de Vandelvira, einem Meister des Klassizismus der Gegend von Jaén. Der Kapitelsaal und die Sakristei sind ein sprechender Beweis seines Könnens. Die

Burg, Jaén (unten)
Olivenhaine (oben)
Kathedrale von Jaén (unten)

Jaén. Das Paradies im Landesinnern

1668 von Eufrasio López de Rojas entworfene Fassade entspricht einem Retabel mit riesigen Abmessungen, Ecktürmen, Säulen und einem ikonografischen Programm rund um den Hl. Ferdinand. Zu den Schätzen der Kathedrale zählt die Reliquie des Heiligen Antlitz (das Schweißtuch der Veronika), flämische Malerei, Gemälde von José de Ribera, Gold- und Gitterschmiedearbeiten. Die harmonische klassizistische Architektur der von Ventura Rodríguez entworfenen **Kirche Sagrario** (Ende 18. Jh.) schließt sich unmittelbar an den oberen Teil der Kathedrale an. In unmittelbarer Nachbarschaft ist die **Kirche San Ildefonso** mit dem Bethaus der Schutzpatronin Virgen de la Capilla hervorzuheben, die alle Stilrichtungen des 15. bis 18. Jh. aufweist.

Die volkstümlichen Wohnviertel umfassen Ecken wie die Calle Maestra, den Arco de San Lorenzo, das Kloster Santa Clara oder die Kirche San Juan. Die Kirche **La Magdalena** (9.-16. Jh.) ist der Kern der mittelalterlichen Stadt. Bevor sie zur Kirche geweiht wurde, war das Bauwerk eine Moschee, von der noch das Minarett und ein Innenhof erhalten sind. Auf dem Vorplatz ist das Denkmal der „Echse der Magdalena" zu sehen, das an die bekannteste Legende der Region erinnert. Diese besagt, ein junger Mann habe den Drachen getötet, der die Bevölkerung in Angst und Schrecken versetzte, indem er Jahr für Jahr eine Jungfrau als Tribut forderte. Im Keller des

Kathedrale, Jaén ▶
Innenhof des Hospital de Santiago, Úbeda ▼

Jaén. Das Paradies im Landesinnern

Andalusien kreuz und quer

benachbarten **Palacio de Villardompardo**, der ein Museum beherbergt, wurden 1913 die hervorragend erhaltenen arabischen Bäder „Baños de Ali" entdeckt. Der moderne Teil der Stadt erstreckt sich über die **Plaza de la Constitución**, die Avenida de Madrid und den Paseo de la Estación, wo sich auch das Denkmal der Schlachten und das **Stadtmuseum von Jaén** befinden. Von seinem künstlerischen Fundus ist vor allem die archäologische Abteilung mit ihrer Sammlung iberischer Kunstgegenstände hervorzuheben. Sie ist die beste ihrer Art in ganz Spanien und umfasst viele meisterliche Statuetten von Kriegern und Tieren des 6. und 5. Jh. v.Chr.

Die Umgebung von Jaén

Hinter Jaén beginnt die hoch aufragende Sierra Sur, der Gebirgszug, der die Grenze zu Granada bildet. Noch in der Nähe der Provinzhauptstadt ragt die Zitadelle von **La Guardia** auf, während man westlich auf das eindrucksvolle **Martos** mit seinen beiden Burgen und dem legendären Felsblock stößt. Der Name des Felsen steht für die Kultur des Ölbaums, Symbol des Friedens und der Zivilisation. In Martos wird deutlich, dass Jaén mit seinen über 50. Mio. Ölbäumen und einer unübertroffen umfangreichen Ölproduktion weltweit der wichtigste Schauplatz des Olivenanbaus ist. Im Süden des

> **Gönner und Künstler**
>
> Das gemeinsame Wirken der Adligen, die durch die Bekämpfung der Mauren und die Profite des spanischen Weltreichs zu großem Wohlstand gelangt waren und der vielen aus allen Ecken Spaniens und Europas stammenden Künstler brachte im 16. Jh. in den Städten des Königreich Jaén die beispiellose Pracht der Renaissance hervor. Der wichtigste Mäzen der Zeit war Francisco de los Cobos (1480-1547), der in seiner Heimatstadt Úbeda den Bau von Kirchen, Palästen und Burgen förderte, während der bedeutendste Architekt und Bildhauer Andrés de Vandelvira (1505-1575) war.

Palast Las Cadenas, Úbeda ▲
Kapelle El Salvador, Úbeda ▶
Kathedrale, Baeza Seite 114
Brunnen Santa María und Kathedrale, Baeza Seite 115

Jaén. Das Paradies im Landesinnern

Andalusien kreuz und quer

Jaén. Das Paradies im Landesinnern

Andalusien kreuz und quer

Gebirgszugs liegt ca. 60 km von Jaén entfernt **Alcalá la Real**, ein hübsches Grenzstädtchen mit einer eindrucksvollen Burg und der Kirche Mayor Abacial (16.-17. Jh.).

Úbeda und Baeza

Eingebettet in die Hügellandschaft am Oberlauf des Guadalquivir liegen die Orte Úbeda und Baeza, die 2003 zum Weltkulturerbe erklärt wurden. Der alte Stadtkern des an sanfte Hügel geschmiegten **Úbeda** ist von einem arabischen Mauerring umgeben. Kaum ein Stadtbild kann sich mit der Plaza Vázquez de Molina, der Quintessenz der Harmonie der Renaissance messen. An einer Seite steht die 1556 unter Mitwirkung von Diego de Siloé und Andrés de Vandelvira errichtete Sacra Capilla del Salvador, die zum Mausoleum für Francisco de los Cobos, den Sekretär Kaiser Karls V. und Förderer der Blütezeit seiner Heimatstadt Úbeda bestimmt war. Die klaren Linien des klassizistischen, ebenfalls von Vandelvira erbauten Palacio de las Cadenas bestimmen die andere Stirnseite des Platzes gegenüber der Kirche Santa María de los Reales Alcázares, deren Baubeginn im 13. Jh. liegt. Hier beginnt ein Netz gepflasterter Straßen mit Quadersteinfassaden, in denen die Zeit stillzustehen scheint. Von der platereske

Plaza del Pópulo. Löwenbrunnen. Baeza (oben) ▲
Alte Universität, Aula Antonio Machado, Baeza (unten)
Palast Jabalquinto, Baeza ▶

Jaén. Das Paradies im Landesinnern

Andalusien kreuz und quer

Casa de las Torres (16. Jh.) vorbei an der Kirche San Pablo (13.-16. Jh.), der zu einem Museum umgestalteten Casa Mudéjar und mehreren Palästen kommt man zum Hospital de Santiago, das Vandelvira von 1562 bis 1575 erbaute.

Auf einer nahen Anhöhe liegt **Baeza**, eingebettet in die von dem Poeten Antonio Machado während seiner Jahre in dieser Region so viel besungenen Landschaft. Die alte Stadt wurde 1226 wieder christlich und von hier aus wurde die Eroberung von Al-Andalus vorangetrieben. Ihr Adelsstand stattete sie mit zahlreichen Baudenkmälern aus. Die Kathedrale besitzt Elemente des gotischen Mudéjar-Stils im von Vandelvira und Juan de Villalpando im 16. Jh. entworfenen Renaissancebau, dessen Fassade 1587 ausgeführt wurde. Ihre feierliche Ruhe überstrahlt die Plaza Santa María und die umliegenden Prachtgebäude einschließlich des anmutigen Brunnens, der an einen Triumphbogen erinnert. Die umliegenden Straßen enthüllen eine schöne Auswahl Baudenkmäler wie den Palacio de Jabalquinto (15.-17. Jh.) mit einer hervorragenden Fassade in Flammengotik, die Kirche Santa Cruz (13. Jh.) als seltenes Beispiel der Romanik in Andalusien oder die alte Universität von 1593. Weiter unten empfängt den Besucher die kastilische Atmosphäre des Mercado Viejo, während die Plaza del Pópulo mit der Casa del Pópulo, den Carnicerías und dem Arco de Villalar um den Löwenbrunnen herum einen schönen Renaissancekomplex bildet.

Die Sierras von Cazorla, Segura und Las Villas

Die ausladenden Gebirge der Sierra de Cazorla, Sierra de Segura und Sierra Las Villas riegelt den Norden der Provinz Jaén ab. Der 657 km lange Guadalquivir, vom arabischen *Oued el-kebir*, „großer Fluss", entspringt in seinen Höhen. Unterhalb des Felsens Peña de los Halcones liegt das hübsche **Cazorla** mit seiner arabischen Festung Cinco Esquinas und der christlichen Burg La Yedra. Weiter oben liegt auf einem Felsvorsprung die Templerburg **La Iruela** am Zugang zum größten Naturschutzgebiet der Iberischen Halbinsel. Der **Naturpark** Sierras de Cazorla, Segura y Las Villas wurde von der Unesco zum Biosphärenreservat erklärt. Die über 2.000 m hohen Gipfel und Laubwälder bedecken eine Fläche von 214.000 ha. Im Naturpark liegen Dörfer wie das mittelalterliche **Segura de la Sierra** und die über die Schlucht hängenden Häuser von **Hornos**.

Olivenöl aus Jaén

In fast allen Gemeinden dieser Provinz, die bei der Erzeugung von Olivenöl weltweit die erste Stelle einnimmt, gibt es wirklich hervorragende native Olivenöle extra, doch nur die Hersteller in drei Bezirken stehen unter dem Schutz eigener Ursprungsbezeichnungen. Es handelt sich um die Öle der Sierra de Cazorla, der Sierra de Segura und der Sierra Mágina, den wichtigsten Gebirgszügen im Osten und Süden der Provinz.

Segura de la Sierra (oben)
Iberien-Steinbock, Cazorla (unten)
Stausee El Tranco (oben)
Cazorla (unten)

Jaén. Das Paradies im Landesinnern

Andalusien kreuz und quer

Granada
Gärten und Schnee

1. Alcazaba
2. Palast Karl V., Museum der Alhambra und Kunstmuseum
3. Nasridenpaläste
4. Kirche Santa María de la Alhambra
5. Kloster San Francisco
6. Generlife
7. Bañuelo
8. Casa de Castril, Archäologisches Museum
9. Casa del Chapiz
10. Kirche El Salvador
11. Palast Dar al-Horra, Kloster Santa Isabel la Real
12. Kathedrale
13. Königliche Kapelle
14. Hospital San Juan de Dios
15. Kloster San Jerónimo
16. Corral del Carbón
17. Casa de los Tiros
18. Torres Bermejas
19. Fundación Rodríguez-Acosta
20. Wohnhaus Manuel de Falla
21. Carmen de los Mártires

Granada vereint den ganzen Zauber Andalusiens. Die Magie der Alhambra und einer Stadt, die bei näherem Kennenlernen nur immer noch anziehender wird, verbindet sich mit den Reizen einer Provinz, die nicht nur die hoch aufragende Bergwelten der Sierra Nevada und der Alpujarras, sondern auch den ewigen Frühling der Costa Tropical zu bieten hat.

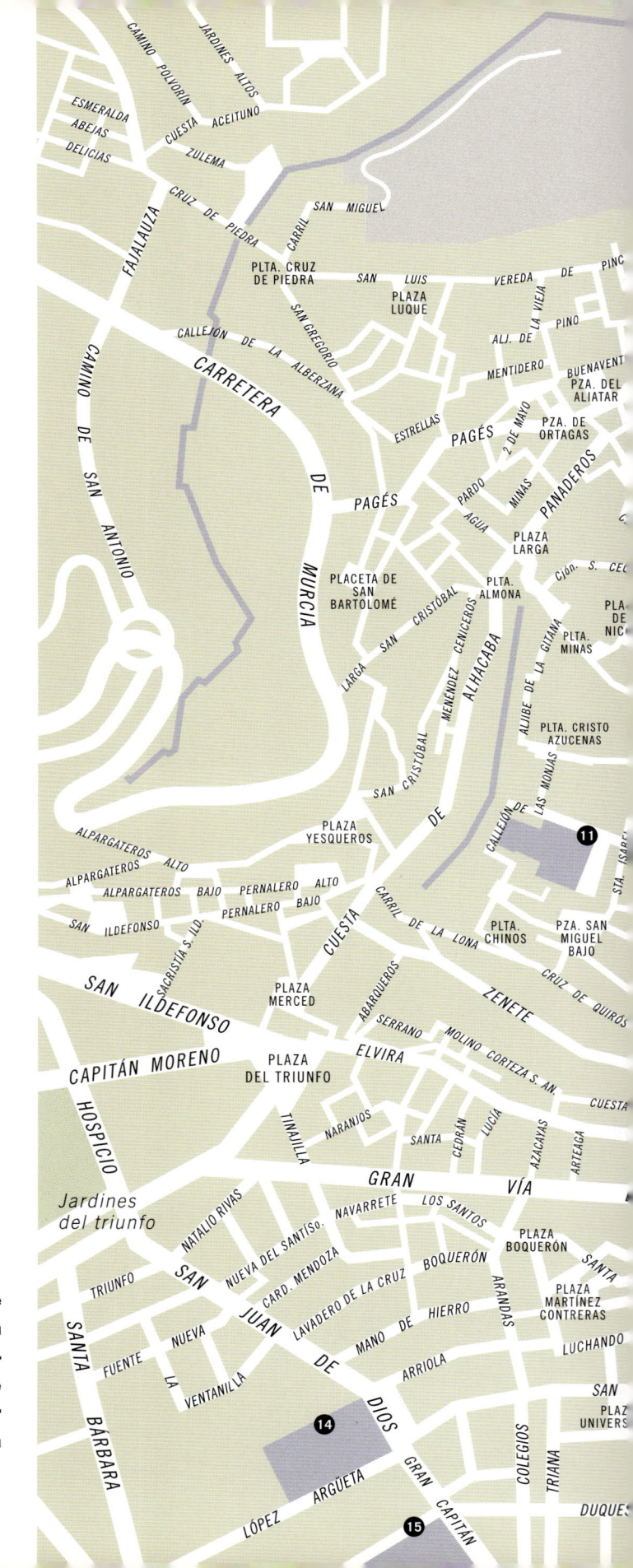

SACROMONTE

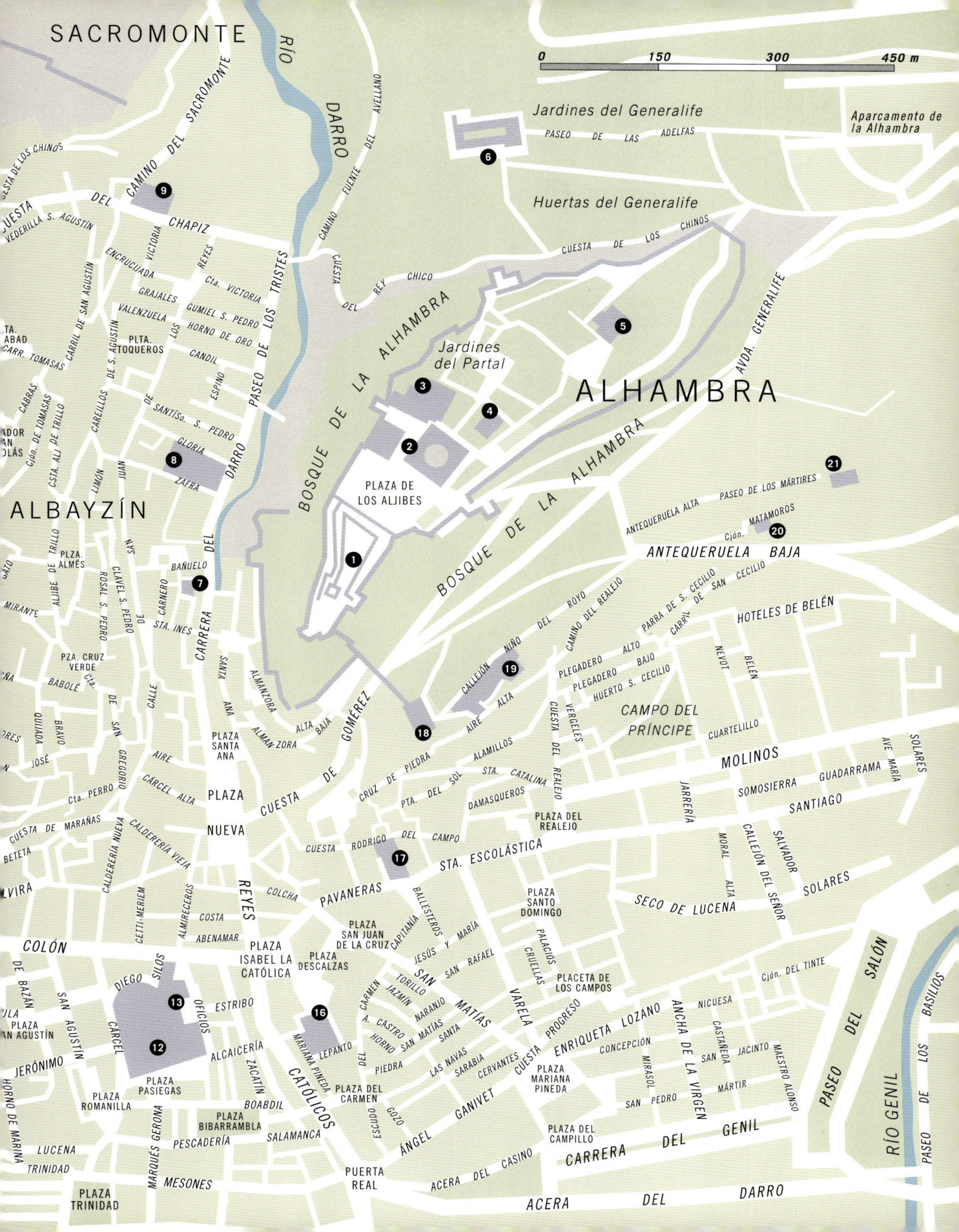

ALHAMBRA

ALBAYZÍN

Granada

El Partal, Alhambra ▶
Innenhof Patio Arrayanes, Alhambra (oben) ▼
Patio de los Leones, Alhambra (unten)

Die Hauptstadt des östlichen Andalusiens liegt an einem privilegierten Fleckchen Erde am Fuße der Sierra Nevada an der Niederung des Genil. Ihre ersten Anfänge waren eine iberisch-römische Siedlung und die Stadt Elvira, bis sich im 11. Jh. *Garnata* als Mittelpunkt eines Teilreichs der Taifas herausbildete. Die Blütezeit Granadas war jedoch das 13. bis 15. Jh., als sie zur Hauptstadt des letzten maurischen Königreichs der Nasriden auf der Iberischen Halbinsel wurde. Als die Katholischen Könige die Stadt 1492 eroberten, war sie eine der reichsten und am dichtesten bevölkerten Großstädte Spaniens. Die Monarchen gaben ihr mit Hilfe monumentaler Bauwerke ein neues Gesicht, während sie gleichzeitig ihre ehemaligen Bewohner, die Abkömmlinge der Mauren unterwarfen. Granada bekam dank der Symbiose der verschiedenen Zivilisationen einen ganz eigenen Charakter und zählte bald zu den begehrenswertesten Städten der Welt. Das obligate Ziel jedes Reisenden brachte außerdem zahlreiche Künstler wie etwa Federico García Lorca hervor.

Die Alhambra

Die **Alhambra** ist ohne Zweifel nicht nur der wichtigste Anziehungspunkt Granadas, sondern auch das bekannteste und meist besuchte Bauwerk Andalusiens. Das zum Weltkulturerbe erklärte Kunstwerk von weltweitem Ruf verdankt seinen arabischen Namen al-hamra, „die Rote", der Farbe der Mauern um die weitläufige Palastanlage, die den Nasriden als Residenz diente. Der Gründer der Dynastie Emir Ibn Alhamar begann im Jahr 1238 mit dem Bau, der unter seinen Nachfolgern Yusuf I. und Muhammad V. im 14. Jh. noch wesentlich vergrößert und ausgeschmückt wurde. Ein Garten mit üppigem Baumbestand und allerorts plätschernden Brunnen und Wasserläufen umgibt den Komplex, zu dem Tore wie die Puerta de la Justicia (1348) Zugang gewähren. Im Schlussstein der Bögen ist die geöffnete Hand als Glücksbringer und der Schlüssel als Wappen der Nasriden zu sehen. Die Plaza de los Aljibes vor der Puerta del Vino ist die Pforte zu den verschiedenen Bauabschnitten der Alhambra. Hier wird der starke Kontrast zum **Palacio de Carlos V** deutlich, dem Renaissancepalast, den Kaiser Karl V. 1527 von Pedro Machuca entwerfen ließ. Dieser besitzt einen quadratischen Grundriss und enthält das **Museum** der Alhambra und auch das der Schönen Künste.

Im vorderen Teil ragt der älteste Bereich der Anlage, die Festung **Alcazaba** auf, deren wuchtiger Turm Torre de la Vela die ganze Stadt überblickt. Gleich neben dem Palast Karls V. gelang man ins Herz der Alhambra. Die Folge von Prunkgemächern der **Nasridenpaläste** zeichnet sich durch

Granada. Gärten und Schnee

Andalusien kreuz und quer

Granada. Gärten und Schnee

erlesene Feinheit aus. Aus leichten Materialien wie Ziegel, Stuck, Kacheln und Holz sowie dem ausgeklügelten Einsatz zumeist fließenden Wassers und Vegetation erschuf das im Verfall begriffene Königreich ein Paradies auf Erden, dessen Anmut und Sinnlichkeit seinesgleichen sucht. Kunst und Natur harmonieren hier in einem nie gekannten Gleichgewicht. Der erste Kernbereich ist der **Mexuar** mit dem Goldenen Saal und einer Stuckfassade von 1369. Ihm schließt sich der **Comares-Palast** an, in dem der offizielle Teil des Hoflebens stattfand. Im rechteckigen Wasserbecken des Patio de los Arrayanes spiegelt sich der mächtige Turm Torre de Comares. Im Innern befindet sich der Saal der Gesandten oder Thronsaal unter einer Kuppel, die das Firmament darstellt. Die reiche Dekoration mit Kacheln, Arabesken und Inschriften bedeckt die Wände und Durchgänge bis zum Löwenhof, dem **Patio de los Leones**, der die Privatwohnung des Sultans (1354-1377) war. Sein Wald aus schlanken Säulen, der Königssaal, der Saal der Zwei Schwestern und der Saal Abencerrajes sind von außergewöhnlicher Schönheit. Durchgänge stellen eine Verbindung zu den Baños Reales, dem königlichen Badehaus, dem Mirador de Lindaraja und

Die Alhambra vom Mirador de San Nicolás aus (Seite 124)
Innenhof des Palacio de Carlos V ▶
Promenade Paseo de los Tristes ▼

Granada. Gärten und Schnee

verschiedenen Gemächern und Patios her und führen bis zu den Partalgärten und der Torre de las Damas. Auf die Begrenzungsmauern stützen sich die Türme mit den Palastgemächern La Cautiva (1340) und Las Infantas (15. Jh.). Auf dem Cerro del Sol oberhalb der Alhambra befindet sich der **Generalife**, die Sommerresidenz der Herrscherfamilie mit großartigen Gärten und einem Pavillon (14. Jh.) vor den Springbrunnen des Patio de la Acequia.

Der Darro und das Albayzín

Der Fluss Darro verläuft eingekeilt zwischen der Alhambra und dem Albayzín. Er verschwindet unter der **Plaza Nueva** mit der Real Chancillería und der Mudéjar-Kirche Santa Ana (16. Jh.), der durch die zahlreichen Tavernen und Bars der umliegenden Straßen besonders lebhaft ist. Flussaufwärts führt die romantische Straße **Carrera del Darro** zum so genannten Bañuelo, einem arabischen Badehaus aus dem 11. Jh. und der **Casa de Castril**, die das Archäologische Museum beherbergt. Vom Darro ausgehend steigen die Sträßchen des **Barrio del Albayzín**, der früheren arabischen Medina von Granada steil an. Der Weg durch die verwinkelten Gassen an den zahlreichen, hier allgemein „**Carmen**" genannten Wohnhäusern mit Hecken und Zypressen im Garten versetzt den Besu-

Federico García Lorca

Die Stadt Granada sowie einige weitere Dörfer des Einzugsgebiets sind eng mit dem Leben dieses andalusischen Dichters und Dramaturgen verbunden, der wohl der international bekannteste spanische Literat ist. Er wurde 1898 in Fuente Vaqueros, einem kleinen Bauerndorf geboren und verbrachte die Sommer in Huerta de San Vicente vor den Toren Granadas. Im August 1936 fand er in der benachbarten Ortschaft Víznar den Tod durch die aufständischen Anhänger Francos.

Ansicht des Albayzín von der Alhambra aus ▶
Sacromonte (links) ▼
Chancillería (rechts)

Granada. Gärten und Schnee

cher in eine andere Zeit. Er führt vorbei an arabischen Häusern wie El Chapiz, an auf Moscheen erbauten Kirchen wie El Salvador und an Klöstern wie Santa Isabel la Real. Zuvor was das Kloster der Palast Dar al-Horra, in dem die Sultanin Aixa aufwuchs. Den Abschluss des Weges bildet der Aussichtsplatz **Mirador de San Nicolás** gegenüber der Alhambra und der Sierra Nevada. Auf der Rückseite des Albayzín verbergen sich die Wohnhöhlen des Zigeunerviertels **Sacromonte**.

Das Zentrum und die Unterstadt

In der Ebene zu Füßen der Alhambra und des Albayzín befindet sich der alte Stadtkern, in dem christliche und moderne Aspekte stärker zum Tragen kommen. Die **Gran Vía**, die Plaza de Isabel la Católica und die Calle Reyes Católicos bis zur Puerta Real sind die Hauptarterien von Granada. Der künstlerische Höhepunkt ist die 1523 von Enrique Egas begonnene **Kathedrale**. Der ursprünglich gotische Entwurf wurde von Diego de Siloé in ein erlesenes Renaissancewerk umgewandelt, das im 17. Jh. von Alonso Cano mit einer Barockfassade versehen wurde. Hervorzuheben sind die Capilla Mayor, ein architektonisches Meisterwerk von 45 m Höhe sowie Ölgemälde und Skulpturen des Granadiners Alonso Cano. An die Kathedrale angebaut ist die von Enrique Egas im Jahr 1521 beendete spätgotische **Capilla Real**, in der sich die Gräber der Katholischen Könige, Philipps des Schönen und Johannas der Wahnsinnigen befinden. Die Grabmäler aus Carrara-Marmor, das schmiedeeiserne Gitter und die persönliche Gemäldesammlung der Königin Isabella mit Werken von Memling, Boticelli, Perugino usw. sind von einzigartigem Wert. In nächster Nähe befindet sich die Madraza oder Cabildo Viejo mit einem islamischen Betsaal aus dem 16. Jh., der wieder aufgebaute arabische Markt der Alcaicería, die Einkaufsstraße Zacatín, der alte Getreidemarkt **Corral del Carbón** (14. Jh.) und die Plaza Bibarrambla mit ihren Cafés und Blumengeschäften. In westlicher Richtung ziehen sich die Wohnviertel bis zur Universität und zum Hospital mit Kirche San Juan de Dios (18. Jh.), einem herrlichen Komplex im Barockstil hin. Der Kreuzgang und die Kirche des ebenfalls dort befindlichen, 1496 gestifteten Klosteranlage San Jerónimo sind im Renaissancestil gehalten und überreich mit dekorativen Ornamenten geschmückt. Auch das Campo del Triunfo und das Hospital Real (16. Jh.) befinden sich in der Vorstadt.

Von der Puerta Real in Richtung Genil erstreckt sich ein traditionsreicher Stadtteil mit vielen belebten Ecken wie das **Campo del Príncipe** unterhalb des Mauror genannten Judenviertels und La Antequeruela. Sehenswert ist hier das Wohnhaus des Komponisten Manuel de Falla, der Carmen de los Mártires, der Carmen Fundación Rodríguez Acosta oder das Renaissancehaus Casa de los Tiros.

Corral del Carbón (oben)
Plaza de Bibarrambla (unten)
Kathedrale von Granada (oben)
Capilla Real (unten)

Granada. Gärten und Schnee

Andalusien kreuz und quer

Das Umland von Granada

Ein sehenswertes Ziel außerhalb von Granada ist das Kloster **La Cartuja**, dessen schmuckloses Äußeres nichts von der genialen Überfülle zweier Meisterwerke des spanischen Barocks, der Sakristei von 1764 und des Sancta Sanctorum erahnen lässt. Der Figur García Lorcas wird in den Museen seiner Sommerresidenz **Huerta de San Vicente** und seines Geburtsortes **Fuente Vaqueros** gedacht. **Santa Fe** war der historische Ort, an dem die Katholischen Könige den Angriff auf Granada die Expedition des Kolumbus vorbereiteten. Ca. 50 km von der Provinzhauptstadt entfernt liegen in den Bergen die historischen Dörfer Montefrío, Loja und Alhama de Granada, denen man ihre frühere Funktion als letzte Grenzposten ansieht.

Guadix und El Cenete

Es gibt in der Provinz Granada noch immer Stellen abseits der ausgetretenen Pfade, die unerwartete Aspekte bereithalten. Dies gilt vor allem für den Norden der Region, wo den Besucher eine steppenartige Landschaft mit von der Sierra Nevada geschützten Ebenen und Gärten in unglaublichen Farben erwartet. Hier befindet sich **Guadix** (ca. 45 km von

Guadix (oben)
Die Alcazaba, Guadix (unten)
La Calahorra

Granada. Gärten und Schnee

Andalusien kreuz und quer

Granada) mit einer wuchtigen Barockkathedrale (18. Jh.) und labyrinthartig verzweigten Gässchen mit Wohnhöhlen. Nicht weit entfernt lockt **Baza** mit einer Kathedrale aus dem 16. Jh. Tiefer in den Bergen liegt **Marquesado del Cenete** mit der Palastburg **La Calahorra**. Dieses Pionierwerk der spanischen Renaissance wurde 1512 von italienischen Künstlern im Auftrag eines Marquis erbaut, der es nie bewohnt hat.

Sierra Nevada

Weiter den Genil entlang schlängelt sich die Landstraße zu den höchsten Gipfeln der Iberischen Halbinsel, der **Sierra Nevada** hinauf. Das Massiv ist von fast ewigem Schnee bedeckt und beherbergt das südlichste Skigebiet Europas. Der 35 km von Granada entfernte Komplex **Pradollano** liegt auf 2.100 m Höhe ü.d.M. und verfügt über alle denkbaren sportlichen und touristischen Einrichtungen. Der Mittelteil dieses in Andalusien einzigartigen 86.000 ha großen alpinen Gebiets von enormer ökologischer Bedeutung wurde 1999 zum **Nationalpark** erklärt. Die Hochgebirgsflora und -fauna, die Gletscherseen und die Kette der über 3000 m hohen Gipfel machen die Sierra Nevada zum idealen Ziel für Naturliebhaber. Die höchsten Erhebungen sind der Veleta und der **Mulhacén** mit 3.482 m. Dieser verdankt seinen Namen Muley al-Hasan, einem der letzen Sultane von Granada, der auf der eisigen Bergspitze seine letzte Ruhe fand.

Die Alpujarras und die Costa Tropical

Südlich von Granada befinden sich das Tor zum Himmel, oder zumindest der Teil Andalusiens, der dieser Vorstellung am nächsten kommen. An den Südhängen der Sierra Nevada liegen die Alpujarras, deren Einzigartigkeit vor allem durch die abgeschlossene Lage auf den riesigen Gebirgsausläufern bedingt ist. So konnten sich jahrhundertealte Traditionen halten und die unverfälschte Landschaft ist nach wie vor mit fruchtbaren Feldern, Wäldern, sprudelnden Bächen und weiß gekalkten Dörfern mit lehmgedeckten Flachdächern bedeckt. Die Lebensart der Mauren, die hier ihre letzte Zuflucht fanden, hat sich der Region für immer aufgeprägt und zieht heute diejenigen an, die Ruhe und die Harmonie suchen. Lanjarón ist ein Wasserkurort mit kristallklaren Quellen am Eingang des Tals. Weiter hinein stößt man auf Órgiva, den Hauptort des westlichen Teils. Hoch oben in den Wolken dann die Alpujarra Alta, eine spektakuläre Route, die zwischen der Schlucht Barranco de Poqueira mit den Dörfern Pampaneira, Bubión und Capileira in Richtung Pitres und seinen Gemeinden bis nach Trevélez verläuft. Der auf knapp 1600 m Höhe liegende Ort ist berühmt für seine in der klaren Gebirgsluft getrockneten Schinken und Wurstwaren. Die

Südlich von Granada

Die eindrucksvolle Landschaft und die Abgeschiedenheit der Dörfer der Alpujarras hat seit Anfang des 20. Jh. Menschen aus aller Welt, vor allem jedoch Künstler und Kreative angezogen. Inzwischen ist das gesamte Einzugsgebiet zu einer Art bunt gemischter kosmopolitischer Kolonie geworden. Einer der Pioniere dort war der britische Spanienkenner Gerald Brenan (1894-1987), der die Gegend mit seinem Buch Südlich von Granada weltweit bekannt machte, das interessante Details seines Lebens und des lokalen Brauchtums beschreibt.

Capileira (oben)
Sierra Nevada (oben)
Tal Barranco de Poqueira, Bubión und Capileira (unten)

Granada. Gärten und Schnee

Alpujarras setzen sich noch mehrere Dutzend Kilometer weit in Richtung Cádiar und Ugíjar fort und enden in der Provinz Almería bei Laujar de Andarax.

Der plötzliche Abfall der Berge bringt es mit sich, dass man in kaum 40 km den Schnee der Alpujarras hinter sich lässt und sich in den Zuckerrohrplantagen und exotischen Pflanzungen der granadinischen **Costa Tropical** am Mittelmeer wiederfindet. Der Kontrast ist umwerfend. Im Westen ist **Almuñécar** hervorzuheben, das von den Phöniziern unter dem Namen Sexi gegründet wurde. Der Ort liegt rund um die Burg San Miguel und ist von Felsbuchten, Klippen und faszinierenden Stränden umgeben. Die arabisch anmutenden, weiß gekalkten Häuser von **Salobreña** liegen dicht gedrängt auf einem von einer maurischen Festung bekrönten Hügel, der einen hervorragenden Ausblick über das Meer, die fruchtbare Ebene des Guadalfeo und die umgebenden Gebirge bietet. **Motril** ist die bevölkerungsreichste Stadt der Gegend. Ihre zahlreichen auf die Nasridenzeit zurückgehenden Zuckerrohrplantagen brachten ihr den Spitznamen „Klein Kuba" ein. Vom Handels- und Fischereihafen über Torrenueva zieht sich die Costa Tropical am Fuße der Sierra de la Contraviesa bis nach Almería hin.

Salobreña ▶
Almuñécar ▼

Granada. Gärten und Schnee

Andalusien kreuz und quer

Almería
Der Ostteil Andalusiens

Almería ist die mediterranste und östlichste Provinz Andalusien. Das eindrucksvolle Hinterland hält Berge, weite Ebenen und eine Wüste bereit, während die Küste durch faszinierende Strände und stille Buchten mit kristallklarem Wasser besticht.

Wüste von Tabernas ▶

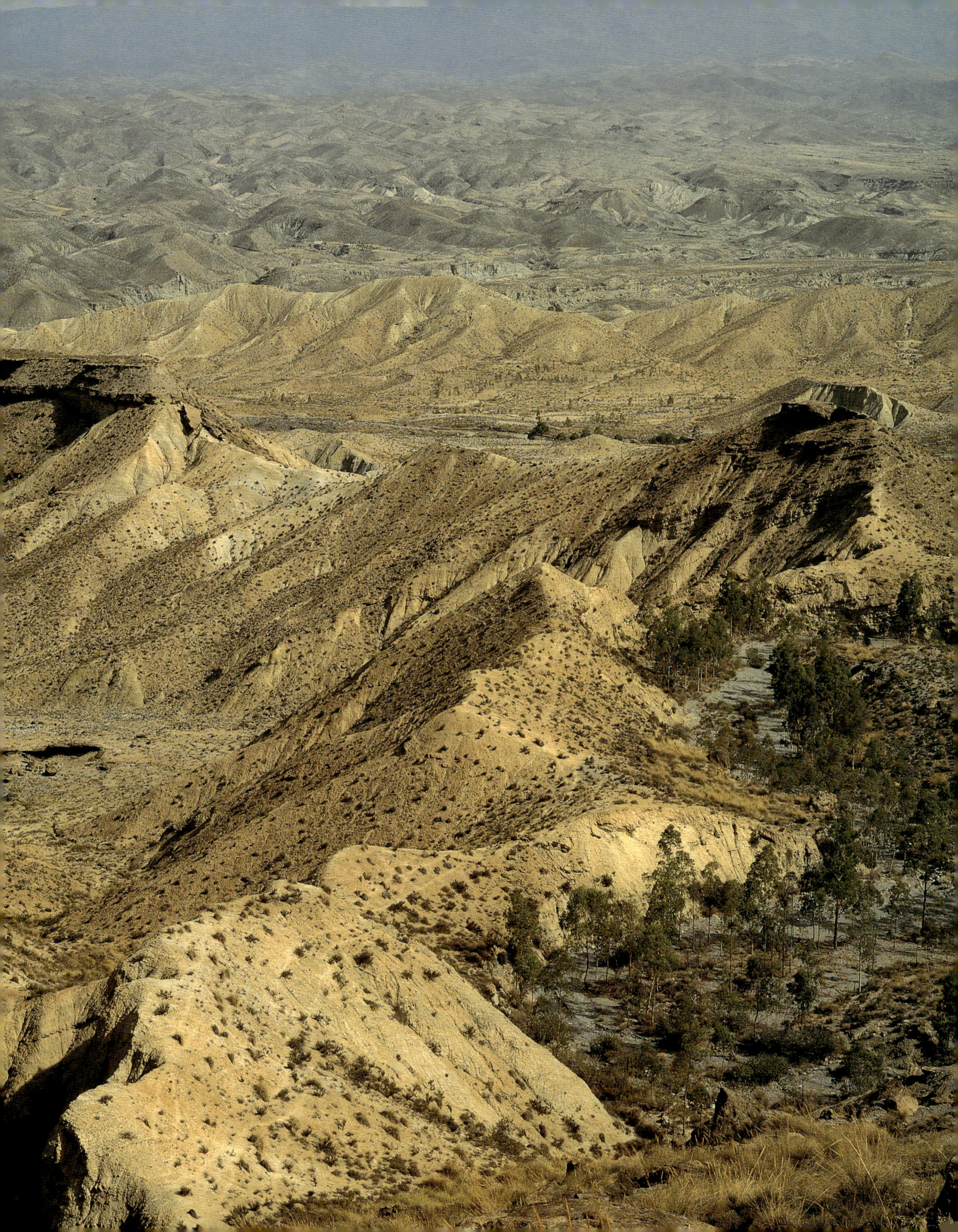

Andalusien kreuz und quer

Almería

An den Ufern des Mittelmeers liegt das von den Mauren vor über tausend Jahren gegründete Almería, das auf arabisch so viel wie „Spiegel des Meeres" heißt. Der Handels- und Fischereihafen, die Plätze und palmengesäumten Alleen sowie die lichtdurchfluteten Fassaden geben der Stadt am Fuße der Sierra de Gádor ein exotisches und zugleich geruhsames Flair.

Ihre **Alcazaba** ist die größte maurische Festung der Iberischen Halbinsel und überschaut Almería von einem Felshügel aus. Der im 10. bis 15. Jh. errichtete Komplex birgt außer Türmen und Bastionen auch die Spuren eines Palasts, von dem aus im 11. Jh. die Herrscher eines unabhängigen Reiches ihre Regierungsgeschäfte führten. Von der Alcazaba hat man einen guten Blick auf die Wohnhöhlen, die sich in die Hänge graben. Bergab gelangt man zur **Plaza Vieja** oder Plaza de la Constitución, die nicht nur das Rathaus beherbergt, sondern auch der Mittelpunkt des historischen Ortskerns ist. Ganz in der Nähe befindet sich die **Kathedrale**, ein mächtiges Bauwerk aus massivem Stein, das 1524 in einer Zeit entworfen wurde, als die Überfälle von Piraten und Morisken das tägliche Leben bestimmten. Das Gotteshaus vereint Elemente unterschiedlicher Stilrichtungen. Gotisch gestaltet sind die Altarkapelle und die Gewölbe, während die Portale und die Kapelle La Piedad im Renaissancestil gehalten sind. Im Innern sind Gemälde von Alonso Cano, ein Chorgestühl aus dem 16. Jh. und ein großes Tabernakel aus Marmor und Jaspis zu bewundern. An einer der Fassaden befindet sich die Sol de Portocarrero genannte Sonnenuhr mit menschlichem Antlitz, die das Symbol Almerías ist.

Die Straßen der alten muslimischen Medina fallen zum Hafen hin ab. Vorbei geht es an der **Kirche San Juan**, die im 17. Jh. auf einer ehemaligen Moschee erbaut wurde, bis hin zum **Parque Nicolás Salmerón**. Hier kommen schon die Fähren in Sicht, die die Verbindung zum nahen Afrika aufrecht erhalten. In einiger Entfernung kann man auch die Metallkonstruktion des so genannten Cable Inglés ausmachen, des Kais, der 1904 zur Beförderung der Mineralien angelegt wurde, die in den nahen Bergwerken der umliegenden Sierras im 19. und 20. Jh. gefördert wurden.

Die lebendige Farbenpracht begleitet den Besucher durch den **Paseo de Almería** und die **Puerta de Purchena** im Zentrum der Stadt. Es fehlt nicht an Geschäften, Straßencafés und Gebäuden im Modernismo-Stil. Ein paar Schritte weiter kommt man an die Markthalle, übervoll mit bunten Auslagen von Meeresfrüchten, Obst und Gemüse. Die feierliche Ruhe der Renaissancekirche Santiago (16. Jh.), die Plaza de las Flores und die Plaza de San Pedro, das Kloster Santo Domingo (18. Jh., heute Kulturzentrum) und das Heiligtum der Schutz-

Die Alcazaba, Almería (oben)
Gebirge Sierra de Gádor (unten)
Plaza Vieja (Plaza de la Constitución), Almería

Almería. Der Ostteil Andalusiens

Andalusien kreuz und quer

patronin Virgen del Mar sind weitere Anziehungspunkte. Die breite Allee **Rambla de Belén** trennt die Altstadt von den neueren Wohnvierteln, die sich im Tal und an den Stränden Almerías in Richtung Cabo de Gata ausbreiten.

Das Umland von Almería

Westlich der Provinzhauptstadt liegt der Bezirk Poniente, dessen Plastiktunnel für den Gemüseanbau bis dicht an das Mittelmeer hinziehen reichen. Die Provinz Almería ist einer der wichtigsten Gemüselieferanten Europas. An den langen Stränden wechseln sich von den Ferienorten **Aguadulce** und **Roquetas de Mar** bis zum Komplex Almerimar in El Ejido Wohnanlagen mit Sporthäfen, Golfplätzen und anderen touristischen Einrichtungen ab. Das historische Städtchen **Adra** war „der erste Ort, den die Phönizier betraten, als sie nach Iberien kamen".

Die Wüste von Tabernas

Hinter der Stadt Almería ragen die Hügelkuppen und Spülrinnen der Wüste von **Tabernas**, der einzigen Wüstenregion des europäischen Kontinents auf. Am Fuße einer Erhebung liegt der mit den Resten einer arabischen

Der Indalo

Das originelle Wahrzeichen der Provinz Almería ist eine nur mit Strichen dargestellte menschliche Gestalt, deren Arme in einen Halbkreis übergehen, der den Kopf der Figur einschließt und die Sonne darstellt. Das Symbol wurde von dem Künstler Jesús de Perceval bekannt gemacht, der sich beim Entwurf bei prähistorischen Zeichnungen und den einfachen Figuren inspirierte, die an den volkstümlichen Häusern von Mojácar als magischer Talisman gegen den bösen Blick verwendet wurden.

Adra (oben) ▶
Roquetas de Mar (unten)
Wüste von Tabernas ▼

Almería. Der Ostteil Andalusiens

Andalusien kreuz und quer

Festung bewehrte Ort Tabernas. Die eindrückliche Schönheit seiner Umgebung diente unzähligen Filmproduktionen als Schauplatz. Die meisten davon waren Spaghettiwestern, doch wurden hier auch so bekannte Filme wie *Kleopatra* oder *Indiana Jones* gedreht. Für die Dreharbeiten zu *Für eine Handvoll Dollar* wurde eins der vielen Klein-Hollywood genannten Kulissendörfer des *Far West* errichtet, die nach wie vor die Wüste bevölkern. Der Besucher wird dort häufig mit nachgestellten Action-Szenen aus dem Wilden Westen überrascht.

Das Cabo de Gata und Níjar

Der Reiz von Almería setzt sich in der Sierra und den Küstenregionen des **Cabo de Gata** fort, das ohne Zweifel eine der attraktivsten Regionen Andalusiens ist. Die kargen Erhebungen vulkanischen Ursprungs bilden eine zerklüftete Küstenlinie mit Klippen und Felsbuchten mit glasklarem Wasser, eine paradiesische Zuflucht im Einklang mit der Natur. Die majestätische Landschaft weist nur minimale Spuren menschlicher Präsenz auf und steht unter Naturschutz. Der einzigartige Naturpark der Region, der sowohl die Küste als auch 26.000

Küste am Cabo de Gata ▶
Leuchtturm am Cabo de Gata ▼

Almería. Der Ostteil Andalusiens

Andalusien kreuz und quer

ha Meeresfläche umfasst, bietet aufsehenerregende geologische Formationen, Marschen und Dünen, in denen einige Szenen des mit mehreren Oscars ausgezeichneten Films Lawrence of Arabia gedreht wurden. Vom Besucherzentrum von Las Amoladeras, dem Feuchtgebiet Las Salinas und dem Felsvorsprung mit dem Leuchtturm Cabo de Gata zieht sich die Küste ostwärts durch das zauberhafte Umland von Monsul und Los Genoveses, das mit zahlreichen Wachtürmen, Festungen und alten Fischerdörfern wie San José, Los Escullos, Las Negras und Agua Amarga durchsetzt ist.

Im Landesinnern liegt in der Sierra Alhamilla das reizvolle **Níjar**, ein weiß gekalkter Ort, in dessen Gärten die maurische Vergangenheit deutlich zu spüren ist. Der geometrische Grundriss der traditionellen Volksarchitektur umschließt mit ihren klaren kubischen Formen eine im Mudéjar-Stil erbaute Wehrkirche aus dem 16. Jh. Die traditionellen Wurzeln von Níjar kommen auch in den metallisch glänzenden Töpferwaren und den handgewebten bunten Jarapas-Flickenteppichen zum Ausdruck.

Mojácar, die Levante und Los Vélez

Den östlichsten Teil Andalusiens bildet die Levante von Almería. Hier geht die Felsenküste in lange Sandstrände

Mojácar (oben)
Fischereihafen Garrucha (unten)
San José ▶

Almería. Der Ostteil Andalusiens

Andalusien kreuz und quer

über. **Mojácar** liegt mit dem Labyrinth seiner engen Gassen wie ein weißer Kalktupfen auf einer Anhöhe, die einen wundervollen Blick freigibt. Auf der stillen Plazuela de las Flores und in vielen andere Winkeln dieser Touristenhochburg herrscht eine entspannte Atmosphäre. Zu Füßen des alten Ortes erstreckt sich Mojácar Playa direkt an der Küstenlinie, die sich bis nach **Garrucha**, dem wichtigsten Hafen der andalusischen Levante hinzieht.

Zwischen Garrucha und der Grenze zu Murcia liegt **Vera** in einer Niederung mit wundervollen Stränden. Das benachbarte **Cuevas de Almanzora** hat seinen Aufschwung im 19. Jh. dem Bergbau zu verdanken. Eindrucksvoll sind die Burg (16. Jh.) und die in Felsschluchten und –wände gehauenen Höhlen. Den Abschluss der Levante von Almería bildet die Felsinsel **San Juan de los Terreros**.

Im Landesinneren liegt der Bezirk Los Vélez im nördlichen Almería. Der **Naturpark Sierra de María** ist eine grüne Oase in der kargen Felslandschaft. Die Hauptorte sind **Vélez Rubio** mit der Barockkirche La Encarnación (18. Jh.) und **Vélez Blanco**. Den mittelalterlich geprägten Ort überragt eine vom Marquis de los Vélez Anfang des 16. Jh. in Auftrag gegebene Renaissanceburg.

Vélez Blanco ▶
Mojácar ▼

Almería. Der Ostteil Andalusiens

Freizeit und nützliche Angaben

Freizeit

Volksfeste und Feiertage

Andalusien besitzt den Ruf, die fröhlichste, lebhafteste und sorgloseste Region Spaniens zu sein. Und wirklich werden dort mehr Feste gefeiert als anderswo. Der abwechslungsreiche Veranstaltungskalender weist vor allem im Frühjahr und Sommer eine besondere Häufung von Festlichkeiten auf. Bei allen wichtigen Volksfesten und Jahrmärkten dürfen natürliche weder Flamenco noch Stierkämpfe fehlen.

Umzug der Heiligen Drei Könige 5. Januar. Bunter Aufmarsch geschmückter Wagen, die durch die Hauptstraßen der wichtigsten Städte ziehen.

Karneval Anfang Februar, bewegliches Datum. Das Karnevalsfest ist besonders in Cádiz bunt und lebhaft. Dort sind die Karnevalstage die wichtigsten Feiertage. Eine verkleidete Menschenmenge füllt die Straßen mit überschäumender Fröhlichkeit, farbenfrohen Umzügen und Kostümwettbewerben.

Andalusientag 28. Februar. Feiertag der Autonomen Region.

Ostern März-April, bewegliches Datum. Die Feierlichkeiten der Karwoche zeigen den Beginn des Frühlings an. Es werden prachtvolle Prozessionen mit auf flachen Estraden getragenen Skulpturengruppen, begleitet von Büßern und reuigen Sündern veranstaltet. Ein sehenswertes Schauspiel in allen größeren und kleineren Städten Andalusiens, besonders jedoch in Sevilla und Málaga, wo sie ein ganz eigenes Flair besitzen. Ebenfalls sehr bekannt sind die Osterprozessionen von Cádiz, Córdoba und Granada.

Ferias April-Oktober, bewegliches Datum je nach Ort. Die *Ferias* und *Fiestas Mayores* lehnen sich an die Tradition der früheren Viehmärkte und der Feste zu Ehren des Schutzheiligen an und werden in vielen andalusischen Ortschaften auf speziell zu diesem Zweck eingerichteten Festgeländen abgehalten. Dort gibt es Baracken, Promenaden und Attraktionen, die Reiter, Amazonen und Pferdekutschen zusammenführen, die dort in typisch andalusischer Aufmachung tanzen und singen. Der jährliche Zyklus beginnt mit der *Feria de Abril* in Sevilla und setzt sich mit der *Feria del Caballo*, dem Pferdemarkt von Jerez Anfang Mai und der *Feria de la Salud* in Córdoba Ende Mai fort. Die Fiestas Colombinas finden in Huelva Anfang August, die *Feria de Málaga* in der Monatsmitte und die *Feria de Almería* Ende des Monats statt. Die *Feria de San Lucas* in Jaén beendet den Zyklus um den 18. Oktober herum.

Romerías (Wallfahrten mit Volksfest) April bis Oktober, unterschiedliche Daten. Die Romerías sind für Andalusien besonders typische Feste, die mit der landwirtschaftlichen Tradition der Region in Zusammenhang stehen. Die Wallfahrer sind oft tagelang zu Fuß, zu Pferd oder in geschmückten Pferdewagen und anderen Fahrzeugen zu der jeweiligen Wallfahrtskirche unterwegs, wo ein nicht enden wollendes Volksfest mitten in der Natur gefeiert wird. Im Frühjahr, Sommer und Herbst findet in der Region ein solches Fest nach dem anderen statt. Die bekanntesten Volksfeste dieser Art sind die Virgen del Rocío in Almonte (Huelva) Ende Mai oder Anfang Juni sowie die Virgen de la Cabeza in Andújar (Jaén) Ende April.

Maikreuze Um den 3. Mai. Die Innenhöfe und Plätze der Altstadt werden mit Kreuzen, Altaren, Blumen und weiterem Hängeschmuck dekoriert und fungieren als Treff- und Versammlungsort. Dieser Brauch ist vielerorts anzutreffen, besonders sehenswert und umfassend jedoch in Córdoba.

Fronleichnam Ende Mai oder Anfang Juni. Die Straßen werden für die feierlichen Fronleichnamsprozessionen mit Blumen und anderen Ornamenten geschmückt. In den Provinzhauptstädten, in der Gegend der Sierra de Cádiz und in unzähligen Dörfern der Region handelt es sich um einen wichtigen Feiertag. In Granada ist Fronleichnam der Hauptfeiertag der Stadt und wird mehrere Tage lang mit witzigen Umzügen von *Gigantes y Cabezudos*, Figuren auf Stelzen mit Riesenköpfen aus Pappmaché gefeiert.

Sankt Johanni (Mittsommernacht) 24. Juni. In der kürzesten Nacht des Jahres werden auf den Straßen der Dörfer große Feuer entzündet, um die herum lange und lebhaft gefeiert wird.

Jungfrau von El Carmen 16. Juli. Ein beliebter Feiertag, dem in den Küstendörfern eine besondere Bedeutung beigemessen wird. Besonders typisch sind die an der Küste entlang führenden Prozessionen zu Wasser mit Booten und Schiffen.

▼ *Feria de Sevilla*

Flamenco und Stierkampf

Was häufig nach Klischee klingt, hat seine eigentlichen Wurzeln in Andalusien. Hier sind Künstler des internationalen Rufs eines Paco de Lucía groß geworden. Der Flamenco hat seinen Ursprung in den volkstümlichen Vierteln von Jerez, Sevilla, Cádiz, Córdoba und anderen Städten und Dörfern Andalusiens und ist ein unverfälschter Ausdruck der Volkskunst. Auf Jahrmärkten und Volksfesten wird Gesang und Tanz nach Art der Sevillanas geboten, während die Kunst des Cante hondo, der Gitarre und des Tanzes bei den zahlreichen Flamenco-Festivals des Sommers, in Clubs, den Tablao genannten Bühnen und den Theatern der Städte aufgeführt wird. Ereignisse wie die Biennale des Flamenco in Sevilla bringen im September die besten Künstler zusammen. Was den Stierkampf anbelangt, ist Andalusien die Wiege so berühmter Toreros wie Joselito, Belmonte, Manolete oder Curro Romero. Die bekanntesten Stierkampfarenen sind Sevilla und Ronda, doch auch die Plätze von Puerto de Santa María, Córdoba oder Málaga genießen einen ausgezeichneten Ruf. Die Quintessenz der andalusischen Stierkampfkunst tritt während der Feria de Abril in Sevilla, in Puerto de Santa Maria und in Ronda zutage.

Mauren und Christen Bewegliches Datum, im Sommer. Ein originelles Spektakel mit im mittelalterlichen Stil gekleideten sich bekämpfenden Gruppen, das sich in vielen Bergdörfern des östlichen Andalusiens großer Beliebtheit erfreut.

Mariä Himmelfahrt 15. August. Ein kirchlicher Feiertag mit Prozessionen zu Ehren der Jungfrau Maria, die in vielen Orten besonders geschätzt wird.

Weinlesefest Bewegliches Datum, September. Feste mit jahrhundertealter Tradition in den Weingegenden von Jerez und Umgebung.

Unbefleckte Empfängnis 8. Dezember. Vor allem der Vorabend dieses Feiertages wird in einigen Orten gefeiert.

„Verdiales" 28. Dezember. Ein uralter Brauch in der Stadt Málaga mit Musikgruppen, die zu den Klängen von Gitarren und Violinen singen.

Museen

Almería
Museo de Almería
Vorgeschichtliche Abteilung
Biblioteca Pública Francisco Villaespesa.
C/ Hermanos Machado s/n.
Tel. 950 264 492

Cádiz
Museo de Cádiz
Plaza de Mina s/n. Tel. 956 212 281
Museo Catedralicio
Casa de la Contaduría.
Plaza de Fray Félix s/n. Tel. 956 259 812

Karwoche

Museo de las Cortes y Sitio de Cádiz
C/ Santa Inés, 9. Tel. 956 221 788

Córdoba
Museo Arqueológico y Etnológico
Plaza de Jerónimo Páez, 7.
Tel. 957 474 011
Museo de Bellas Artes y Museo Julio Romero de Torres
Plaza del Potro, 1.
Tel. 957 473 345 / 957 491 909
Museo Diocesano de Bellas Artes
C/ Torrijos, 12. Tel. 957 479 375
Museo Municipal Taurino
Plaza de Maimónides, 1. Tel. 957 201 056
Museo Vivo de al-Andalus
Puente Romano, Torre de la Calahorra
Tel. 957 293 929

Granada
Casa Museo Federico García Lorca
Huerta de San Vicente.
C/ Virgen Blanca s/n. Tel. 958 258 466
http://huertadesanvicente.com
Casa Museo Manuel de Falla
C/ Antequeruela Alta, 11. Tel. 958 222 188
Museo de la Alhambra y de Bellas Artes
Alhambra, Palacio de Carlos V.
Tel. 958 220 912 / 958 224 843
Museo Arqueológico y Etnológico
Carrera del Darro, 41. Tel. 958 225 640
Museo Casa de los Tiros
C/ Pavaneras, 19. Tel. 958 220 629
Museo de la Catedral
C/ Gran Vía, 4. Tel. 958 222 959

Huelva
Museo de Huelva
Alameda Sundheim, 13. Tel. 959 259 300

Jaén
Museo de Artes y Costumbres Populares, Baños Árabes
Palacio de Villardompardo.
Plaza Santa Luisa de Marillac s/n.
Tel. 953 236 292
Museo Catedralicio
Catedral. Plaza de Santa María s/n.
Tel. 953 234 233
Museo de Jaén
Paseo de la Estación, 27. Tel. 953 274 507

Málaga
Museo de Artes y Costumbres Populares
Pasillo de Santa Isabel, 10.
Tel. 952 217 137
Museo Casa Natal Pablo Ruiz Picasso
Plaza de la Merced, 32.
Tel. 952 060 215
http://fundacionpicasso.es

Kunstmuseum, Sevilla

Museo Catedralicio
Catedral. C/ Molina Larios s/n.
Tel. 952 215 917
Museo Picasso
Palacio de Buenavista
C/ San Agustín, 8.
Tel. 902 443 377
http://museopicassomalaga.org
Museo Taurino
Plaza de toros de la Malagueta.
Paseo de Reding, 16.
Tel. 952 226 292

Sevilla
Centro Andaluz de Arte Contemporáneo
Monasterio de la Cartuja.
Isla de la Cartuja s/n.
Tel. 955 037 083
Museo Arqueológico
Plaza de América s/n.
Tel. 954 232 401
Museo de Artes y Costumbres Populares
Plaza de América, 3.
Tel. 954 232 576
Museo de Bellas Artes
Plaza del Museo, 9.
Tel. 954 220 790
Museo Catedralicio
Catedral. Plaza Virgen de los Reyes s/n.
Tel. 954 214 971
Museo Marítimo
Torre del Oro.
Paseo de Cristóbal Colón s/n.
Tel. 954 222 419
Museo Taurino de la Plaza de Toros
Paseo de Cristóbal Colón, 12.
Tel. 954 210 315
http://realmaestranza.com

„Tablao flamenco"

Veranstaltungen

Eine Auswahl der Theater-, Konzert-, Tanz- und Opernbühnen der wichtigsten andalusischen Städte.

Almería
Auditorio Municipal Maestro Padilla
Avenida del Mediterráneo s/n.
Tel. 950 273 411

Cádiz
Gran Teatro Falla
Plaza de Falla s/n.
Tel. 956 220 834

Córdoba
Gran Teatro
C/ Gran Capitán, 3.
Tel. 957 480 644

Granada
Auditorio Manuel de Falla
Paseo de los Mártires s/n.
Tel. 958 222 188

Huelva
Gran Teatro
C/ Vázquez López, 13.
Tel. 959 245 703

Jaén
Teatro Darymelia
C/ Colón s/n.
Tel. 953 219 116

Málaga
Teatro Cervantes
C/ Ramos Marín s/n.
Tel. 952 224 100

Sevilla
Teatro de la Maestranza
Paseo de Colón, 22.
Tel. 954 223 344

Golf und Ski

Golf Die Möglichkeiten zur Ausübung dieser Sportart sind in Andalusien nahezu unbegrenzt, und das wissen ihre vielen Anhänger aus aller Welt. Bestechend ist nicht nur die Anzahl, die Qualität und die Anlage der Plätze, sondern auch die außergewöhnlich lange Spielsaison. Die vielen Dutzend Golfplätze der Region sind auf alle Provinzen verteilt, jedoch vor allem in der Nähe der Küste zu finden. In Málaga sind es 38 Plätze, in Cádiz 16, in Huelva 8, in Almería 7, in Sevilla 4, in Córdoba 2, in Granada 2 und in Jaén gibt es einen Platz.
Federación Andaluza de Golf
C/ Sierra de Grazalema, 35, 5.
Málaga.
Tel. 952 225 590
http://golf-andalucia.net

Ski In der Sierra Nevada liegt in der Nähe von Granada die Skistation Pradollano, das südlichste Skigebiet Europas. Eine origineller Spaß in der Region mit den meisten Sonnenstunden der iberischen Halbinsel.
Cetursa-Sierra Nevada
Plaza de Andalucía s/n
Sierra Nevada (Granada). Tel. 902 708 090
http://sierranevadaski.com

Andalusien mit Kindern

Almería
Mini Hollywood
Ein Wildwestdorf mitten in der Wüste, genau wie im Film mit Action-Darbietungen und Stuntmen.
Carretera Nacional 340, km 4,6. Tabernas.
Tel. 950 365 236

Cádiz
Zoo Botánico Jerez
Eine umfangreiche, gut zusammengestellte und überraschende Sammlung vielseitiger Fauna und Flora.
C/ Taxdirt s/n. Jerez de la Frontera.
Tel. 956 182 397
http://zoobotanicojerez.com

Granada
Parque de las Ciencias
Großer moderner Park der Wissenschaften mit Planetarium und diversen interaktiven Attraktionen.
Avenida del Mediterráneo s/n.
Tel. 958 131 900
http://parqueciencias.com

Huelva
Parque Nacional de Doñana
Führungen durch den Naturpark.
El Rocío, Almonte. Avenida de la Canaliega s/n.
Tel. 959 443 808
http://turismodedonana.com

Málaga
Parque de Atracciones Tívoli World
Arroyo de la Miel, Benalmádena.
Tel. 952 597 016
http://tivolicostadelsol.com

Sevilla
Parque Temático Isla Mágica
Attraktionen aller Art rund um das historische Themengebiet Sevilla und Amerika. Geöffnet von April bis Anfang November.
Isla de la Cartuja s/n. Tel. 902 161 716
http://islamagica.es

Golfplatz in Marbella

Nützliche Angaben

Anreise

Flughäfen
www.aena.es
Flughafen Almería
Carretera de Níjar km 9. Tel. 950 213 700
Flughafen Córdoba
Llanos del Castillo. Tel. 957 214 100
Flughafen Granada
Autovía A-92, bei Chauchina.
Tel. 958 245 200
Flughafen Jerez de la Frontera
Carretera N-IV. Tel. 956 150 083
Flughafen Málaga
Aeropuerto Pablo Ruiz Picasso. Avenida García Morato s/n.
Tel. 952 048 484
Flughafen Sevilla
Aeropuerto de San Pablo. Carretera N-IV km 532. Tel. 954 449 000

Bahnhöfe
Renfe (Nationales Eisenbahnnetz)
AVE (Hochgeschwindigkeitszug)
Tel. 902 240 202
www.renfe.es / www.eltren.com
Almería
Estación de Ferrocarril. Plaza de la Estación s/n.
Oficina Renfe. Calle Alcalde Muñoz, 7.
Tel. 950 231 822
Cádiz
Estación de Ferrocarril. Plaza de Sevilla s/n.
Tel. 956 254 301
Córdoba
Estación de Renfe y AVE. Plaza de las Tres Culturas. Tel. 957 400 202
Granada
Estación de Renfe. Avenida de los Andaluces s/n. Tel. 958 271 272
Huelva
Estación de Renfe. Avenida de Italia s/n.
Tel. 959 245 614
Jaén
Estación Jaén-Espeluy. Renfe, Paseo de la Estación. Tel 953 270 202
Málaga
Estación de trenes. Explanada de la Estación s/n. Tel. 952 360 202
Sevilla
Estación de Santa Justa. Avenida de Kansas City s/n. Tel. 954 414 111

Busbahnhöfe
Almería
Estación de Autobuses.
Tel. 950 262 098
Cádiz
Estación de Autobuses. Tel. 956 211 763
Córdoba
Estación de Autobuses. Tel. 957 404 040
Granada
Estación de Autobuses. Tel. 958 185 480
Huelva
Estación de Autobuses. Tel. 959 256 900
Jaén
Estación de Autobuses. Tel. 953 250 106
Málaga
Estación de Autobuses. Tel. 952 872 657
Sevilla
Estación Plaza de Armas. Tel. 954 908 040
Estación Prado de San Sebastián.
Tel. 954 417 111

Taxiunternehmen
Almería. Tel. 950 251 122/950 301 221
Cádiz. Tel. 956 212 121
Córdoba. Tel. 957 764 444
Granada. Tel. 958 280 654
Huelva. Tel. 959 251 500/959 250 022
Jaén. Tel. 953 222 222
Málaga. Tel. 952 333 333/952 040 804
Sevilla. Tel. 954 580 000/954 675 555 /954 622 222

Nützliche Telefonnummern
Telefonauskunft: 11824/11888
Verkehrsauskunft: Tel. 900 123 505
Medizinischer Notruf: Tel. 061
Polizei: Tel. 091 y 092
Guardia Civil: Tel. 062
Feuerwehr: Tel. 080

Fremdenverkehrsbüros
Almería
Parque Nicolás Salmerón. Tel. 950 274 355
Avenida F. García Lorca, Edificio Mirador de la Rambla. Tel. 950 280 748
Cádiz
Avenida Ramón de Carranza s/n.
Tel. 956 258 646
Plaza San Juan de Dios, 11.
Tel. 956 241 001
Córdoba
Calle Torrijos, 10. Tel 957 471 235
Caballerizas Reales s/n.
Tel. 957 200 522
Granada
Corral del Carbón. Mariana Pineda s/n.
Tel 958 221 022
Plaza Mariana Pineda, 10.
Tel. 958 247 128
Huelva
Avenida de Alemania, 14. Tel. 959 257 403
Jaén
Calle Arquitecto Berges, 1. Tel. 953 222 737
Calle Maestra, 18. Tel. 953 219 116
Málaga
Avenida Cervantes, 1. Tel. 952 604 410
Pasaje de Chinitas, 4. Tel. 952 213 445

Feld mit Sonnenblumen ▼

Andalusien kreuz und quer

Hotel Alfonso XIII, Sevilla

Sevilla
Avenida de la Constitución, 21.
Tel. 954 221 404
Calle Arjona, 28. Tel. 954 221 714
Plaza del Triunfo, 1. Tel. 954 210 005

Andalusien im Internet
www.andalucia.org
www.almeria-turismo.org
www.cadizturismo.com
www.turiscordoba.es
www.granada.org
www.ayuntamientohuelva.es
www.promojaen.es
www.malagaturismo.com/
www.webmalaga.com
www.sevilla.org/www.turismosevilla.org

Unterkünfte

Almería
Gran Hotel Almería (****)
Avenida Reina Regente, 8. Tel. 950 238 011
Hotel Torreluz IV (****)
Plaza de las Flores, 5. Tel. 950 234 999
Hotel Vinci Mediterráneo (****)
Avenida del Mediterráneo s/n.
Tel. 950 624 272
Hotel Costasol (***)
Paseo de Almería, 58. Tel. 950 234 011
Hotel Torreluz III (***)
Plaza de las Flores, 3. Tel. 950 234 399

Cádiz
Parador Hotel Atlántico (****)
Avenida Duque de Nájera, 9.
Tel. 956 226 908
Hotel Tryp la Caleta (****)
Avenida Amílcar Barca s/n.
Tel. 956 279 411
Hotel Francia y París (***)
Plaza de San Francisco, 2. Tel. 956 222 348
Hotel Regio (**)
Calle Ana de Viya, 11. Tel. 956 279 331

Córdoba
Parador la Arruzafa (****)
Avenida de la Arruzafa s/n. Tel. 957 275 900
Hotel Abetos del Maestre Escuela (****)
Avenida San José de Calasanz s/n.
Tel. 957 282 105
Hotel Maciá Alfaros (****)
Calle Alfaros, 18. Tel. 957 491 920
NH Amistad Córdoba (****)
Plaza de Maimónides, 3. Tel. 957 420 335
Hotel Maimónides (***)
Calle Torrijos, 4. Tel. 957 471 500
Hotel Albucasis (**)
Calle Buen Pastor, 11. Tel. 957 478 625

Granada
Parador de San Francisco (****)
Real de la Alhambra s/n. Tel. 958 221 440
Hotel Alhambra Palace (****)
Calle Peña Partida, 2-4. Tel. 958 221 468
Hotel Meliá Granada (****)
Calle Ángel Ganivet, 7. Tel. 958 227 400
Hotel Casa del Capitel Nazarí (***)
Cuesta Aceituneros, 6. Tel. 958 215 260
Hotel Palacio de Santa Inés (***)
Cuesta de Santa Inés, 9. Tel. 958 222 362
Hotel Reina Cristina (***)
Calle Tablas, 4. Tel. 958 253 211
Hotel Washington Irving (***)
Paseo del Generalife, 2. Tel. 958 227 550
Los Chapiteles (***)
Camino de la Fuente del Avellano s/n.
Tel. 958 220 177
Hotel América (*)
Real de la Alhambra, 53. Tel. 958 227 471

Huelva
Hotel NH Luz Huelva (****)
Alameda Sundheim, 26. Tel. 959 250 011
Hotel Monte Conquero (***)
Calle Pablo Rada, 10. Tel. 959 285 500
Hotel Tartessos (***)
Avenida Martín Alonso Pinzón, 13.
Tel. 959 282 711
Hotel Costa de la Luz (**)
Calle Alcalde José María del Amo, 8.
Tel. 959 253 214
Hotel Los Condes (**)
Alameda Sundheim, 14. Tel. 959 282 400

Jaén
Parador Santa Catalina (****)
Castillo de Santa Catalina. Tel. 953 230 000
Hotel Infanta Cristina (****)
Avenida de Madrid s/n. Tel. 953 263 040
Hotel Condestable Iranzo (***)
Paseo de la Estación, 32. Tel. 953 222 800
Hotel Husa Europa (***)
Plaza de Belén, 1. Tel. 953 222 700
Hotel Xauen (***)
Plaza del Deán Mazas, 3. Tel 953 240 789

Málaga
Parador de Gibralfaro (****)
Castillo de Gibralfaro s/n. Tel. 952 221 902
Hotel AC Málaga Palacio (****)
Calle Cortina del Muelle, 1. Tel. 952 215 185
Hotel Larios (****)
Calle Marqués de Larios, 2. Tel. 952 222 200
Hotel NH Málaga (****)
Avenida del Río Guadalmedina s/n.
Tel. 952 071 323
Hotel Tryp Alameda (****)
Avenida de la Aurora, 25. Tel. 952 368 020
Hotel Don Curro (***)
Calle Sancha de Lara, 7. Tel. 952 227 200
Hotel Las Vegas (***)
Paseo de Sancha, 22. Tel. 952 217 712
Hotel Los Naranjos (***)
Paseo de Sancha, 35. Tel. 952 224 316

Laden für Kunsthandwerk, Frigiliana, Málaga

Hotel California (**)
Paseo de Sancha, 17. Tel. 952 215 165

Sevilla
Hotel Alfonso XIII (*****GL)
Calle San Fernando, 2. Tel. 954 917 000
Hotel Casa Imperial (*****)
Calle Imperial, 29. Tel. 954 500 300
Hotel AC Ciudad de Sevilla (****)
Avenida Manuel Siurot, 25. Tel. 954 230 505
Hotel Bécquer (****)
Calle Reyes Católicos, 4. Tel. 954 228 900
Hotel Hesperia Sevilla (****)
Avenida Eduardo Dato, 49. Tel. 954 548 300
Hotel Las Casas del Rey de Baeza (****)
Plaza Jesús de la Redención, 2.
Tel. 954 561 496
Hotel Meliá Sevilla (****)
Calle Pedro de Castro, 1. Tel. 954 421 511
Hotel Rey Alfonso X (****)
Calle Ximénez de Enciso, 35.
Tel. 954 210 070
Hotel San Gil (****)
Calle Parras, 28. Tel. 954 906 811
Hotel Las Casas de la Judería (***)
Santa María la Blanca-Callejón de Dos
Hermanas, 7. Tel. 954 415 150
Hotel Las Casas de los Mercaderes (***)
Calle Álvarez Quintero, 9. Tel. 954 225 858
Hotel NH Plaza de Armas (***)
Calle Marqués de Paradas s/n.
Tel. 954 901 992
Hotel Amadeus (**)
Calle Farnesio, 6. Tel. 954 501 443

Hotel Simón (*)
Calle García de Vinuesa, 19.
Tel. 954 226 660

Essen und Trinken

Almería
Building
Paseo Marítimo s/n. Tel. 950 261 204
El Bello Rincón
Carretera N-340 km 436. Tel. 950 238 427
Rincón de Juan Pedro
Plaza del Carmen. Tel. 950 235 819
Terraza Carmona
Calle Manuel Giménez, 1. Tel. 950 390 760
Valentín
Calle Tenor Iribarne, 19. Tel. 950 264 475

Cádiz
Achuri
Calle Plocia, 15. Tel. 956 253 613
El Faro
Calle San Félix, 15. Tel. 956 211 068
El Ventorrillo del Chato
Carretera Cádiz-San Fernando, km 2.
Tel. 956 250 025
La Comercial
Calle José del Toro, 8. Tel. 956 211 914
San Antonio
Plaza de San Antonio, 9. Tel. 956 212 680

Córdoba
Almudaina
Campo Santo de los Mártires, 1.
Tel. 957 474 342
Bodegas Campos
Calle Lineros, 32. Tel. 957 497 500
Casa Pepe de la Judería
Calle Romero, 1. Tel. 957 200 744
El Caballo Rojo
Calle Cardenal Herrero, 28. Tel. 957 475 375
El Churrasco
Calle Romero, 16. Tel. 957 290 819

Granada
Alhacena de las Monjas
Plaza Padre Suárez, 5. Tel. 958 221 105
Carmen de San Miguel
Plaza de Torres Bermejas, 3.
Tel. 958 226 723
Cunini
Plaza de la Pescadería, 9. Tel. 958 250 777
Chikito
Plaza del Campillo, 9.
Tel 958 223 364

Mirador de Morayma
Pianista García Carrillo, 2. Tel. 958 228 290
Las Tinajas
Calle Martínez Campos, 17. Tel. 958 254 393
Los Manueles
Calle Zaragoza, 2-4. Tel 958 223 415
Sevilla
Calle Oficios, 12. Tel. 958 221 223

Huelva
El Estero
Avenida Martín Alonso Pinzón, 13.
Tel. 959 256 572
El Portichuelo
Avenida Martín Alonso Pinzón, 1.
Tel. 959 245 768
Las Candelas
Carretera Aljaraque-Punta Umbría.
Tel. 959 318 301
La Esquinita
Calle Béjar, 21. Tel. 959 252 690
Las Meigas
Avenida de Guatemala, 48. Tel. 959 271 958

Jaén
Az-Zait
Calle Ceuta s/n. Tel. 953 263 040
Casa Antonio
Calle Fermín Palma, 3. Tel. 953 270 262
Casa Vicente
Calle Francisco Martín Mora, 1.
Tel. 953 232 222
Mesón Nuyra
Pasaje Nuyra s/n. Tel. 953 240 763
Parador Santa Catalina
Castillo de Santa Catalina. Tel. 953 230 000

Espetones de sardina

Restaurant, Hotel Alfonso XIII, Sevilla

Málaga
Adolfo
Paseo Marítimo P. Ruiz Picasso, 12.
Tel. 952 601 914
Antonio Martín
Plaza de la Malagueta s/n. Tel. 952 227 398
Café de París
Calle Vélez Málaga, 8. Tel. 952 225 043
Casa Pedro
Calle Quitapenas, 121. Tel. 952 290 013
El Chinitas
Calle Moreno Monroy, 4. Tel. 952 210 972
La Casa del Ángel
Calle Madre de Dios, 29. Tel. 952 608 750
La Cónsula
Finca la Cónsula, Churriana. Tel. 952 622 562
Parador de Gibralfaro
Castillo de Gibralfaro. Tel. 952 221 902
Refectorium
Calle Cervantes, 8. Tel. 952 218 990

Sevilla
Casablanca
Calle Zaragoza, 50. Tel. 954 224 698
Casa Robles
Calle Álvarez Quintero, 58. Tel. 954 563 272
Egaña Oriza
Calle San Fernando, 41. Tel. 954 227 211
Enrique Becerra
Calle Gamazo, 2. Tel. 954 213 049
La Albahaca
Plaza de Santa Cruz, 9. Tel. 954 220 714
La Alquería
Hacienda Benazuza, Sanlúcar la Mayor.
Tel. 955 703 344
La Isla
Calle Arfe, 25. Tel. 954 212 621
La Judería
Calle Cano y Cueto, 13. Tel. 954 412 052
Poncio
Calle Victoria, 8. Tel. 954 340 010
Sabina
Calle Dos de Mayo, 4. Tel. 945 562 547
San Fernando 27
Calle San Fernando, 27. Tel. 954 220 966
San Marco
Calle Cuna, 6. Tel. 954 212 440
Taberna del Alabardero
Calle Zaragoza, 20. Tel. 954 560 637

● Shopping

Almería
Die Calle de las Tiendas, die Puerta de Purchena und der Paseo de Almería sind die traditionellen Einkaufsstraßen im Stadtzentrum, während in der Gegend der Rambla de Belén modernere Geschäfte zu finden sind. Ebenfalls lohnend ist ein Besuch der Markthalle.

Cádiz
Die traditionellen Geschäfte der Innenstadt liegen an den Straßen Calle Ancha, Rosario und Sacramento, die moderneren an der Avenida de Andalucía und ihren Seitenstraßen. Die Markthalle befindet sich in der Nähe der Plaza de las Flores. In der Avenida del Guadalquivir wird der Wochenmarkt „Mercadillo del Piojito" abgehalten.

Córdoba
Das moderne Einkaufsviertel umfasst die Straßen Cruz Conde, Concepción, Gondomar und Ronda de los Tejares. Um die Mezquita herum sowie im Zoco Municipal der Calle Judíos befinden sich zahlreiche Läden mit kunsthandwerklichen Produkten. Dienstags und Freitags gibt es einen Wochenmarkt im Stadtteil Jardín.

Granada
Das wichtigste Einkaufsviertel von Granada zieht sich im Zentrum von der Gran Vía bis zur Puerta Real und ihren Seitenstraßen hin. Im Stadtviertel Albayzín, an den zur Alhambra hin ansteigenden Straßen sowie in den Vierteln Alcaicería, Zacatín und den Straßen um die Kathedrale gibt es viele Läden mit Kunsthandwerk und Andenken. Der Markt im Stadtteil Chana finden Mittwochs, der in Zaidín Samstags statt.

Huelva
Der Mittelteil der Calle Concepción, die Plaza de las Monjas und die Gran Vía und Umgebung sind besonders empfehlenswert für einen Einkaufsbummel. Ganz in der Nähe die Markthalle Mercado del Carmen, wo es hervorragenden frischen Fisch und Meeresfrüchte gibt.

Jaén
In der Altstadt befinden sich um die Plaza de Santa María herum die traditionellen Geschäfte, die moderneren in der Gegend um die Calle Nueva die Avenida de la Estación und die Avenida de Madrid. Donnerstags wird im Messegelände Recinto Ferial ein Flohmarkt veranstaltet.

Málaga
Von der zentral gelegenen Calle Marqués de Larios und den umliegenden Straßen erstreckt sich eine weitläufige Einkaufsgegend mit Geschäften und Kaufhäusern jeder Art bis zur Alameda Principal und zum Guadalmedina.

Sevilla
Im der Altstadt befinden sich zwischen der Avenida de la Constitución, der Plaza Nueva, den Straßen Sierpes und Tetuán bis zur Plaza del Duque die Geschäfte traditionellen Zuschnitts. Im Stadtteil Santa Cruz gibt es viele Läden mit Kunsthandwerk, während das Viertel Nervión mit einem modernen Einkaufszentrum aufwartet. Jeden Donnerstag wird in der Calle Feria ein Flohmarkt organisiert. Sonntags vormittags werden auf der Plaza de la Alfalfa Tiere und auf der Plaza del Cabildo diverse Sammlerobjekte verkauft.

Herausgabe und Produktion: **Ediciones Aldeasa**
Übersetzung: **Polisemia, S.L.**
Design: **Antonio Ochoa de Zabalegui**
Layout: **José María Carrizo**
Fototechnik: **Lucam**
Druck: **TF. Artes Gráficas**

© der vorliegenden Ausgabe, Aldeasa 2004
© der Texte und Übersetzungen, die Autoren
© der genehmigten Reproduktionen:
Aldeasa: 28, 29, 30, 31, 32, 33, 34, 35, 36, 38, 39, 40, 66, 74b, 74c, 75,
76, 88b, 89, 122, 123, 124, 127, 128 a, 129, 130, 131, 135 a, 150, 151b, 155.
Hidalgo-Lopesino: 4, 6, 8, 45, 46, 48, 49, 50, 52, 53, 54, 57, 58, 60, 61,
62, 63, 64, 65, 68, 69, 70, 71, 72, 73, 74 a, 80, 81, 82 b, 83 b, 84, 85,
86 b, 87, 88 a, 92, 98 b, 99 a, 109, 111, 114, 115, 116, 126, 132, 133, 134,
135 b, 136, 137, 138, 139, 142, 143, 144, 145, 146, 147, 148, 149, 151 a,
152, 153, 154, 156.
César Justel: 44, 100, 102 a, 103, 141.
Covadonga de Noriega: 10, 12, 13, 14, 15, 16, 17, 18, 19, 20, 21, 22, 23, 24, 25,
41, 42, 43, 55, 56, 78, 82 a, 83 a, 86 a, 93, 94, 95, 96, 97, 98 a, 99 b, 101, 102 b,
104, 106, 108, 110, 112, 113, 117, 118, 119, 128 b.

I.S.B.N: 84-8003-902-7
Depósito legal: M-16746-2004